LA VIE FABULEUSE
DE
NOSTRADAMUS

DU MÊME AUTEUR

L'odeur des fauves (Plon).

Campus Party (Plon).

Tu seras le plus riche de ton cimetière (Presses de la Cité).

Salut la puce (La Table Ronde). Prix Rodolph Bringuier 1979.

Le café des veuves (Mengès). Prix de l'Humour 1982. Prix Jules Renard 1983.

Quartier de haute trahison (Filipacchi).

Si on invitait James Dean (Editions Mondiales).

A paraître : *Autopsie d'une crapule.*
En préparation : *X connection.*

Richard Balducci

LA VIE FABULEUSE
DE
NOSTRADAMUS

filipacchi

A Mesdames de Soria et Conte,
voyantes et astrologues de mère en fille
depuis des générations.

Avant-propos

Le premier ancêtre de **Michel de Notre-Dame** dont nous ayons connaissance à travers les écrits de **Jean de Notre-Dame,** frère de **Nostradamus,** et par la lecture des « Histoires et Chroniques de Provence » de **César de Notre-Dame,** fils du prophète (éditées à Lyon par Simon Rigaud en 1614) est **Arnauton de Velorgues,** marchand de céréales d'origine juive.

Personnage influent de la tribu d'**Issachar, Arnauton de Velorgues** épousa en 1449 une fort jolie dame également juive nommée **Venguessone** qu'il avait connue alors qu'il commerçait à Genève.

La belle transalpine était veuve de récente date et déjà mère d'un solide gaillard : **Walter de Falleran.**

La douce **Venguessone** donna un fils à **Arnauton** qui fut prénommé **Guy.**

Avant de mourir en 1473, **Arnauton** prit le temps d'apprendre à son fils **Guy** le métier de marchand de céréales et de fourrage.

Devenu riche dans son commerce, **Guy** épousa en premières noces une certaine **Benastrugue** qu'on disait fort avenante.

Les Juifs n'ayant à cette époque d'autre choix que de se convertir au christianisme ou de quitter la Provence, **Guy,** trop bien implanté dans sa région opta pour la conversion et prit le nom de **Pierre de Notre-Dame.** (Dans certains manuscrits de

Nostradamus, le prophète l'appelle aussi **Peyrot de Sainte-Marie**).

Le père de **Benastrugue, Jesse,** notaire en Avignon, se convertit également et prit le nom de **Richaud.**

L'épouse de **Pierre,** très attachée à sa religion, refusa de devenir chrétienne et fut répudiée en 1463.

Cette répudiation fut prononcée à Orange sur le perron de « l'Hostellerie de l'Épée rouge » par Maître **Philibert Benin** suivant les cérémonies rituelles, en présence d'**Abraham de Narbonne** et d'autres Juifs maîtres de la loi.

Le 6 septembre de l'an suivant, **Pierre de Notre-Dame** installé en Avignon, se fit émanciper par son père **Arnauton de Velorgues,** dans l'officine de Maître **Guillaume Morel.**

Ce n'est pas à dire que **Pierre de Notre-Dame** n'avait pas atteint l'âge de la majorité, mais à cette époque, les garçons restaient longtemps sous tutelle paternelle.

Pierre épousa en secondes noces **Blanche de Sainte-Marie** dont il eut une fille : **Marguerite** et trois fils : **François, Pierre** et **Jaumet.**

Marguerite épousa le maître-teinturier **Pierre Johannis** en 1494.

François mourut à l'âge de dix-huit ans d'une infection maligne. **Pierre** s'installa marchand en Arles et **Jaumet** commença par apprendre le métier de céréalier. Celui qui devait être le père de **Nostradamus** naquit en Avignon en 1470.

Le 14 mai 1495 il épousa au diocèse d'Avignon une honnête et gracieuse jeune fille : **Reynière de Saint-Rémy,** à qui il arrivait, par distraction, de se livrer à des prophéties.

Jean de Saint-Rémy, père de la jeune fille était aussi d'origine juive mais sa famille en se convertissant avait pris le nom de la ville de leur résidence.

Il était le médecin personnel du duc de Calabre et de son père le roi **René de Provence.**

Ce gentil souverain, mécène et poète s'entourait des plus fins esprits de la Renaissance.

Il se montra d'une tolérance remarquable pour son temps à l'égard des Juifs.

Clavaire de sa ville (1) et notable fortuné de la région, **Jean de Saint-Rémy** offrit au jeune ménage :

— Une maison à terrasse sise rue du Viguier à Saint-Rémy-de-Provence garnie et bien montée.

— Un mas avec ses prés, sa vigne, ses terres incultes au quartier de Garantan à Saint-Rémy longeant le chemin dit de Gachaleron.

— Un pré d'une demi-sechoyrade (2) sur les mêmes lieux.

— Deux terres au chemin de Beauchamp.

— Deux prés à l'entour du Prat-Cros.

— Une vigne au lieu-dit Le Vas.

— Une vigne en coteau à Servières.

— Un verger d'oliviers à Rogadour près du chemin des Baux.

— Une tuilerie avec son habitation près du chemin d'Orgon.

Les actes furent passés en Avignon dans la maison de **Dame Blanche,** mère de **Jaumet.**

Le jeune couple emménagea à Saint-Rémy dans la belle maison de la rue du Viguier.

Jean de Saint-Rémy, le donateur s'installa près du couple, quelques jours dans la maison de Saint-Rémy et d'autres au mas de Garantan.

Jaumet de Notre-Dame commença par exercer le métier paternel, mais bientôt, à ses activités de marchand de céréales et de fourrage, il ajouta l'exercice de la profession de notaire.

De son beau-père **Jean,** le jeune **Jaumet** apprit l'usure.

Dans la maison de la rue du Viguier, **Silletta,** la mère de

(1) Un clavaire était alors trésorier communal.
(2) Ancienne mesure de superficie.

Reynière s'occupait de tout, gardant le jeune couple sous sa coupe.

Respectueusement soumis, **Jaumet** et **Reynière** eurent dix-huit enfants.

Le premier, **Michel de Notre-Dame** naquit le 14 décembre 1503.

« Ce nonobstant ceux à qui la malignité de l'esprit malin
ne sera compris par le cours du temps
après la terrienne mienne extinction, plus sera mon escrit
qu'à mon vivant, cependant si à ma supputation des âges
je fallois, ne pourrait estre selon la volonté d'aucuns. »

Nostradamus.

CHAPITRE
1

Affourchée sur son âne décharné, la vieille marmonnait une curieuse prière.

Elle tapotait de sa badine en jonc le flanc de l'animal pour le convaincre d'accélérer le pas.

Toute de noir vêtue, la tête recouverte d'un épais fichu qui ne laissait entrevoir qu'un regard d'un bleu profond, la poitrine battue par un lourd crucifix pendu à une longue chaîne d'or, la vieille paraissait étrangère à la beauté d'alentour et semblait pressée d'arriver à une rencontre précise.

Le mistral qui soufflait dans toute la vallée depuis la lune nouvelle était soudain tombé.

Le vent ne bruissait plus dans les branches des oliviers de Garantan. Autour du cimetière, les hauts cyprès avaient cessé de dodeliner du faîte et les étourneaux de passage qui descendaient hiverner au sud avaient repris leurs chants.

Au passage du curieux équipage, le temps s'abeaudit brusquement et vers les Baux, le soleil se leva dans une nuée d'or et d'azur.

Nous étions presque aux abois de l'an, et pourtant, cette matinée du 14 décembre 1503 ressemblait à une aube pascale.

La terre se mit à exhaler des vertus balsamiques printanières.

Tout en haut de la petite ville de Saint-Rémy-de-Provence,

15

dans la vieille maison de pierre de la rue du Viguier, vers laquelle se dirigeait la vieille, il régnait une activité inhabituelle.

Les femmes du voisinage, vêtues de sombre, allaient et venaient, de la haute cheminée de la salle du bas où crépitait un bon feu de ceps de vigne, à la chambre rose du premier étage. Elles se croisaient dans le grand escalier qui fleurait le vernis, portant en silence d'énormes baquets d'eau chaude et du linge blanc sentant bon la lavande. Dans son grand lit, Reynière de Notre-Dame était dans les douleurs.

Jaumet, son époux, Jean de Saint-Rémy son père et Pierre de Notre-Dame, beau-père de la parturiente avaient abandonné les lieux aux femmes.

Les trois hommes étaient installés autour d'une table à la terrasse de la « Taverne de la Place du Marché aux Herbes » à quelques pas de la maison.

Devant un pichet de vin du haut-pays, ils attendaient en jacassant qu'on vienne leur annoncer l'heureux événement.

Par la ruelle du Cloître, la vieille et son bourricot grimpaient vers la place.

La silhouette noire descendit de son âne avec beaucoup de difficultés et s'approcha de la table des trois hommes en s'appuyant sur un bâton noueux qu'elle avait décroché de sa selle.

— Peux-tu me servir un gobelet de ce chasse-cousin ? (1) demanda-t-elle à Jaumet en désignant le pichet de vin.

Le futur père s'exécuta en souriant :

— Sois la bienvenue, vieille sorcière... C'est aujourd'hui jour de crevaille... mon enfant va naître.

La vieille vida son gobelet d'un trait puis, elle laissa tomber au sol les dernières gouttes en les comptant :

— Une... deux... trois... quatre... Elle s'arrêta à douze...

La femme en noir reposa le gobelet et dit à Jaumet :

(1) Vin aigre du pays.

— Si ton fils... car ce sera un fils... naît au douzième coup de midi, il sera bien astré et deviendra un des maîtres du monde...

La vieille pria Jean de Saint-Rémy et Pierre de Notre-Dame de l'aider à remonter sur son bourricot.

La sorcière et son âne s'éloignèrent sur le chemin raboteux alors que les bronzes du cloître de Saint-Paul-de-Mausole commençaient à égrener les douze coups de la mi-journée. Dans le bourdonnement du douzième, on entendit venant de la maison de pierre, un long râle de femme, des vagissements et des pleurs de nouveau-né.

Michel de Notre-Dame — Nostradamus — venait de naître au douzième coup de midi.

L'ambitieux Jaumet de Notre-Dame, père de Nostradamus, abandonna bien vite son commerce de céréales pour s'instituer notaire spécialisé dans les recouvrements de créances.

Il remplit tout d'abord ses nouvelles fonctions auprès de Thomas Poitevin et Jehan Tornatoris, co-seigneurs du petit fief de la Tour de Canillac, dite du Cardinal, enclavée au terroir de Saint-Rémy-en-Crau (1).

Grâce à sa nouvelle qualité, Jaumet de Notre-Dame eut connaissance des agissements financiers qui enrichissaient ses maîtres usuriers.

Bon nombre de malheureux débiteurs parmi lesquels Balthazar de Sade, des paysans, des bourgeois, des hommes d'église furent contraints de rembourser leurs dettes au plus vite avec des taux de prêts exorbitants.

Pour les obliger à obtempérer, Jaumet de Notre-Dame se faisait accompagner par deux colosses venus des îles au physique dissuasif.

(1) Plus communément appelé Saint-Rémy-de-Provence.

Jaumet devint rapidement la terreur des mauvais payeurs.

Les tractations paternelles se déroulaient avec une certaine agressivité, et c'est donc dans une ambiance de violence larvée par son père, et de mysticisme profond par sa mère dont l'aïeule Marthe avait été écartelée à la roue pour sorcellerie, que grandit Nostradamus.

A tout cela vint rapidement s'ajouter un sentiment de grande frustration et d'injustice lorsque le jeune Michel qui venait de fêter ses neuf ans, apprit que Louis XII roi de France, se trouvant en disette et besoin d'argent pour couvrir les dépenses de guerre et les frais des grandes affaires du royaume, avait décidé d'imposer lourdement les nouveaux convertis.

Le Roi réclamait cinquante mille livres aux descendants des vraies tiges d'institutions judaïques et hébraïques.

Douze répartiteurs furent nommés pour la Provence dans la juridiction d'Aix.

Parmi les trois cotisants désignés pour Saint-Rémy-en-Crau, se trouvait le père de Nostradamus imposé pour vingt-cinq livres.

Pierre, l'oncle de Michel était sur la liste d'Arles pour trente livres.

Dès son plus jeune âge, Michel de Notre-Dame aimait s'échapper de la maison de la rue du Viguier à l'heure où la lune s'élevait à l'horizon du Prat-Cros, non pas pour aller jouer à saute-ruisseau avec les gamins de son âge, mais pour courir sur les petits chemins qui serpentaient à l'entour de Saint-Rémy.

Au point le plus culminant, il se laissait choir au pied d'un micocoulier aux formes rassurantes et aspirait longuement les senteurs enivrantes de sa belle campagne.

Il restait immobile jusqu'à nuit complète, admirant les

constellations célestes qui étaient pour lui un insondable mystère, jurant qu'il en percerait un jour le secret.

Il s'étonnait de voir les moutons en transumance brouter tous dans la même direction comme attirés par un point invisible à l'œil de l'homme.

Parfois, Michel de Notre-Dame s'en allait flâner dans les ruines qui semblaient dormir au soleil et que les habitants de Saint-Rémy appelaient leurs « Antiquités ».

Ces pierres polies par le temps, Michel les caressait du plat de la main, enviant ces derniers vestiges impressionnants d'une vieille cité gallo-romaine pour avoir été témoins d'une partie d'aventure qui lui restait inconnue.

Ces vestiges, bâtis eux-mêmes sur les ruines grecques de la cité des Glaniques, vraisemblablement détruites en 408 lorsque les Vandales ravagèrent la Provence, étaient chargés d'histoire (1).

Un soir de juillet 1510, alors que le jeune Michel de Notre-Dame paressait sur le banc de pierre au frais du mas de Garantan en compagnie de Jean, son grand-père maternel, un événement vint révéler à l'aïeul les dons de prémonition de son petit-fils.

Le couchant était doux, le soleil venait à peine de disparaître et rougeoyait encore à l'horizon.

Le vieux médecin scrutait le ciel et expliquait au jeune homme attentif le mouvement des étoiles.

A l'image des conteurs de Provence qui, de père en fils colportaient de fabuleuses histoires d'initiations aux arts et aux sciences interdites dans le monde chrétien, Jean de Saint-Rémy

---

(1) Philippe Guilhaume : « Exploitation séculaire d'un fonds de commerce. » Éditions RMC, 1987.

tentait de transmettre à ce petit-fils qu'il imaginait fort doué pour le savoir, les connaissances qu'il avait en littérature classique, histoire de France et de Provence, langues étrangères, mathématiques, alchimie, botanique et astrologie.

Il pimentait ses narrations de potins sur les intrigues à la cour du roi René pour que Nostradamus reste à l'écoute de ses contemporains, et de mots étrangers pour parfaire son savoir.

Le savant grand-père expliquait au jeune attentif comment les étoiles se forment à l'intérieur des nébuleuses... la différence entre nébuleuses planétaires, nébuleuses diffuses, nébuleuses à émission et nébuleuses par réflexion.

Tant de science captivait le jeune homme qui écoutait ces histoires d'étoiles comme les enfants écoutent les contes magiques. Mais soudain, Nostradamus sembla être préoccupé par toute autre chose. Peu lui importait maintenant que les météorites qui zébraient le ciel soient des aquarides australes (1). Son regard quitta le ciel et ses constellations pour rejoindre l'horizon proche au bout de la vieille vigne.

Il se permit d'interrompre son aïeul.

— Grand-père, nous devrions cueillir quelques figues et les ramener à la maison, car demain, ces figuiers ne seront plus...

Jean de Saint-Rémy regarda longuement Nostradamus avant de se lever.

— Prenons donc deux paniers — préconisa-t-il en décrochant deux corbeilles accrochées à la maîtresse-poutre du mas.

La nuit avait été sereine, le vent inexistant, et pourtant, le lendemain matin, en arrivant au mas de Garantan, Jean de Saint-Rémy trouva les quatre figuiers couchés sur le remblai, racines arrachées, comme vaincus par une terrible bourrasque.

(1) Petits astéroïdes de la moitié sud de la sphère céleste.

*
**

Sous le toit familial, le jeune Michel de Notre-Dame apprit les rudiments de la cuisine. Son père lui révéla l'art d'accommoder les viandes et les propriétés des herbes aromatiques.

— Dans ce pays privilégié, il y a tellement de thym, de sarriette, de laurier, de romarin et de plantes sauvages aux senteurs de Provence, que tu peux te parfumer le repas rien qu'en respirant sur le pas de la porte...

Très vite, le jeune garçon se montra fin cuisinier en singularisant les plats habituels confectionnés par sa mère. Mais il consacrait le plus clair de son temps à son grand-père maternel qui, étonné par les dons de prémonition de son petit-fils décida de prendre en main l'éducation du jeune homme.

Installés le plus souvent dans le mas de Garantan, le maître Jean de Saint-Rémy et l'élève Michel de Notre-Dame paressaient peu. Le premier, heureux de transmettre son savoir, le second, avide d'apprendre.

Surdoué, l'adolescent s'intéressa d'emblée aux mathématiques et aux idiomes pérégrins.

Après l'hébreux qu'il assimila très vite, le jeune Michel se lança dans l'étude du grec, apprenant dans le texte, « Le Banquet » de Platon.

C'est à travers les lectures de l'auteur de « Phèdre » et du « Sophiste » qu'il découvrit l'enseignement de Socrate, considéré par son grand-père comme la source de la pensée mystique occidentale.

Nostradamus écoutait avec délectation, le vieil homme lui parler du philosophe Plotin pour qui le chemin du savoir était une fuite d'une solitude à une autre.

L'aïeul apprit à son petit-fils à considérer l'homme comme une entité indivisible, avec un corps, une âme et un esprit en constante harmonie avec lui-même et la nature.

Le grand-père du jeune prodige racontait la philosophie comme les vieux poètes ruraux racontaient les féeries du passé enjolivées par le temps.

Dans les narrations de l'aïeul, les personnages prenaient d'énormes dimensions et Nostradamus les voyait revivre comme les marionnettes d'une pantomime imaginaire avec les bons et les mauvais.

Le jeune garçon prenait fait et cause pour Platon et Socrate mais ne cachait pas sa méfiance pour les théories du grec Héraclite, un mystique non-conformiste qui s'était fait le champion de l'harmonie cachée des contraires.

Peu à peu, sa prise de position évolua, et le mysticisme hermétique qui se développait chez Nostradamus le rapprocha de la philosophie d'Héraclite dont la vérité où Dieu était le jeu incessant de la lumière et de l'ombre, de la paix et de la guerre, lui semblait de plus en plus évidente, comme était évidente l'existence avec ses cycles éternellement renouvelés, sans commencement ni fin.

A l'image d'Héraclite, le jeune Nostradamus révélait un penchant pour la magie hermétique.

« En haut et en bas, tout est divin... » pensait-il.

Et tout est mystère...

Plus tard, le jeune Michel découvrira bon nombre de points communs entre la tradition mystique à laquelle il aspirait et l'école orientale du Tantra (1) ou même avec l'hindouisme de Shiva qui considère l'univers comme un théâtre de ballets.

Le soir, autour de la soupe aux fèves, Jean de Saint-Rémy amenait régulièrement le discours sur les prophètes et les

---

(1) Le Tantra est un ensemble de croyances qui a pour but le salut par la connaissance ésotérique des lois de la nature.

prognostications, racontant avec abondance la fascination qu'exerçaient sur les communs mortels, ceux pour qui l'avenir n'était pas mystère.

— Déjà, dans les temps antiques, racontait le vieux sage, au début de l'âge de bronze, sur le site de Stonehenge, voué au culte solaire, des prophètes avaient gravé sur les monolithes, des runes destinées à prévoir les décisions des Dieux de la terre et de l'air.

— Tout le monde peut avoir des rêves prémonitoires, fit remarquer Nostradamus.

Son grand-père acquiesça.

— Bien sûr... ! Il y a à l'arrière de notre cerveau une large zone où la prédiction s'élabore... Visualiser l'« après » n'est qu'une réaction chimique ressentie plus ou moins par tout le monde.

Rapidement, Nostradamus montra des dispositions étonnantes pour les sciences célestes dont il eut vite une grande maîtrise.

Son grand-père lui ayant révélé qu'en une année il passait dans le ciel plus de neuf milliards de météorites visibles à l'œil nu, Nostradamus répliqua, non sans ironie, qu'il voulait les découvrir toutes.

La gravitation dans l'espace interplanétaire le passionnait.

A peine âgé de dix ans, il s'efforçait de faire partager ses convictions à tous ceux qui voulaient bien l'entendre, acceptant mal la contradiction et. surtout, l'incrédulité.

Parallèlement aux sciences astrales et à la philosophie que lui révélait son grand-père maternel, Nostradamus s'instruisait à la médecine avec son aïeul de père, Pierre de Notre-Dame.

Le vieil homme lui révéla les secrets de Rhazès :

— C'était un vieux médecin persan, perclus de rhumatismes

qui, à l'entour de l'an 900, s'en allait de ville en ville à dos de chameau pour soigner les peuplades de la variole et de la petite vérole.

Parti de Khorramshahar, sa ville natale, il officia à Borudjerd, Ispahan, Hamadhan, avant de s'installer à Anzali sur les bords de la mer intérieure. Là, il rédigea une longue note pour décrire comment se présentaient les symptômes de la variole et la façon de les circonvenir.

On lui doit aussi un traité complet sur une maladie encore peu connue appelée la petite vérole. Rhazès était un médecin aux idées bien précises. Il était, en particulier, opposé à l'interprétation ésotérique de la nature...

Voyant l'intérêt que Nostradamus portait à la médecine des anciens maîtres orientaux, le grand-père l'obligea à lire « Les Canons de la Médecine » du philosophe Avicenne, probablement le premier médecin-astrophile de l'Histoire.

Ce très remarquable savant oriental était né à Boukhara, important centre d'Ouzbekistan, en 869.

A l'ombre des hauts minarets de ce carrefour de commerce, Avicenne avait parfait son savoir avec les médecins arabes Ablucasis et Tuleda, qu'on dit être les pères de la chirurgie.

Les méthodes fort singulières que ces savants orientaux employaient pour soulager leurs malades passionnaient Nostradamus au-delà de tout .

C'est ainsi que le jeune curieux apprit que la grenouille verte pouvait guérir les fiévreux, qu'avaler crus, poux et cloportes était un remède souverain contre le mal de la digestion, et que la cervelle de lièvre asséchait tous ceux qui pissaient dans leur lit. Il eut aussi la révélation que le soufre occidental (excréments) faisait mûrir les plaies, que le myosotis pouvait guérir les piqûres de scorpions, que le safran protégeait des méfaits du mal des mers et que le jus de concombre calmait les délireux... (1).

_____

(1) Philippe Guilhaume : « Exploitation séculaire d'un fonds de commerce. »

Heureux de constater la passion manifestée par son petit-fils pour tout ce qu'il lui rapportait des sciences de l'Orient, Pierre de Notre-Dame lui montra les notes qu'il avait prises à la lecture d'écrits des savants de Perse, d'Irak et de Kurdistān qui explicitaient comment, dans ces pays étranges, les médecins bravaient la contagion en avalant des crachats de tuberculeux, en suçant des bubons de pestiférés et en endossant des chemises de cholériques pour mieux étudier les symptômes.

Tout un cahier de notes était consacré à l'importance de la couleur des urines examinées à la lumière.

Le diagnostic ne pouvait être fait qu'en fonction des dépôts douteux.

L'urine entre ocre et jaune laissait présumer une santé parfaite, couleur paille, elle signifiait un excès de mauvaise bile, couleur sang, il s'agissait sans aucun doute des résultats d'une grande fièvre...

Convaincu par les étranges révélations de son grand-père, Nostradamus décida de s'adonner à la médecine selon les méthodes des maîtres de l'Orient et ce, dès son plus jeune âge.

A un garçon de son voisinage qui se tordait dans d'affreuses douleurs de ventre, il prescrivit un curieux remède : il lui fit avaler cru du mercure avec des balles de mousquet. Puis, il ordonna que le malade fût couché sur le fond d'un vieux chariot et il le fît traîner rudement par chemins défoncés tout en lui insufflant de l'air dans l'anus au moyen d'un soufflet de cheminée.

Si l'on en croit Jean de Kerdeland, un des historiographes de Nostradamus, le remède se démontra efficace et le coliqueux fut bientôt sur pied, alerte comme tout un chacun.

Appelé à Aix-en-Provence à la cour du roi René pour une indisposition de son fils le duc de Calabre, Jean de Saint-Rémy se fit accompagner par le jeune Michel auquel le grand-père voulait montrer le beau monde de la cour.

Le bon roi de Provence fut immédiatement subjugué par ce garçonnet qui s'exprimait si bien en hébreux, en grec ou même en italien, qui parlait des étoiles comme de choses voisines et qui n'hésitait pas à tenir des contresens étonnants.

C'est ainsi, qu'alors que le roi René se réjouissait de voir le soleil tourner de la gauche vers la droite au-dessus de sa bonne ville, le jeune Nostradamus crut opportun de faire remarquer au monarque que « selon la thèse sérieuse de Copernic, c'est la terre qui tourne autour du soleil ».

— Es-tu sûr de ce que tu avances ? demanda le roi au gamin.

— Puisque je vous le dis, Sire... répondit avec aplomb le jeune homme.

Mis en colère par une telle outrecuidance, Jean de Saint-Rémy mit le garçonnet en travers de ses genoux et le fessa vertement devant le roi.

Sous les coups, Nostradamus continuait de crier :

— C'est la terre qui tourne autour du soleil... Dans cent ans, un savant de Toscane me donnera raison (1).

En mai 1517, Jean de Saint-Rémy mourut au cours d'un voyage qu'il fit en Avignon.

Un brutal arrêt du cœur eut raison du vieux médecin.

Dans la maison des Notre-Dame à Saint-Rémy-de-Provence, Reynière, la mère de Nostradamus en attente de son septième enfant, faisait mijoter des morceaux de viande de bœuf sur de la couenne dans une sauce à base de vin, d'herbes et de coulis de tomate.

---

(1) En 1617, Galileo Galilée, physicien et astronome né à Pise en Toscane qui s'était rallié au système de Copernic publia toutes les preuves établissant que la terre tournait autour du soleil. Il dut se rétracter devant l'Inquisition en 1633.

Tout en surveillant la cuisson dans la cheminée, Reynière demanda à son fils d'aller cueillir du romarin sauvage près de la vigne de Servières à une lieue de la rue du Viguier.

— Ton grand-père en est si friand, et lorsqu'il rentrera ce soir, il en sera content. Nostradamus ne bougea pas, se contentant de répondre :

— C'est inutile que j'aille quérir des herbes. Si c'est pour mon grand-père que tu souhaites aromatiser ton bœuf, ce n'est pas la peine... Grand-père ne reviendra pas. Sa vie s'est arrêtée il y a moins de deux heures aux portes d'Avignon...

Durant tout l'été et l'automne 1517, Nostradamus s'adonna aux activités les plus diverses.

Autorisé à compulser les nombreux ouvrages réunis par son grand-père Jean, le jeune Michel qui n'avait pas encore quatorze ans, se mit en devoir de parfaire ses connaissances en langues étrangères. Il voulait assimiler à la perfection l'hébreux, le grec et l'italien.

N'ayant d'autre interlocuteur valable en grec que le vieux curé de Saint-Rémy, il se rendait tous les jours après vêpres à la sacristie converser avec le brave prêtre dans la langue d'Homère.

C'est en compagnie d'un savetier venu du Proche-Orient qu'il peaufina son hébreux et la fréquentation de bateleurs de foire venus d'au-delà des Alpes lui permit de s'exprimer très vite en un pur italien, langue qui ressemblait parfaitement au provençal que tout le monde pratiquait autour de lui.

Il y avait dans la basse-ville, au fond de la ruelle des penduliers, un maître-verrier qui réalisait dans sa fonderie de splendides vitraux destinés aux églises de la région.

Venu de ses lointaines Flandres, Maître Dorne était un gros

homme, au visage rouge comme ses feux, aux gestes rapides et précis, qui jonglait avec le sable silicieux, le carbonate de sodium, les teintures et le plomb. Ses « Christ » étaient d'une grande beauté, mais il pestait comme un beau diable dès qu'il s'agissait de reproduire la Sainte Vierge Marie qu'il ne réussissait jamais à son vouloir...

Michel venait souvent lui rendre visite.

Le jeune garçon était subjugué par la beauté des couleurs que Maître Dorne composait en de savants mélanges.

Tout en affinant ses plaques de verre, Maître Dorne révélait les secrets de son travail à Nostradamus qui restait muet d'admiration devant la dextérité du verrier.

— Tu vois, petit, tout l'art consiste à composer des vitraux dont les couleurs resteront étincelantes dans la pénombre des chapelles et laisseront filtrer les rayons du soleil sans se dénaturer. Il faut aussi que la projection des faisceaux lumineux sur les murs de pierre soient des symphonies et forment des voûtes aux couleurs célestes.

Le maître-verrier avait autorisé le jeune homme à récupérer tous les morceaux de verre défectueux avant teinture qui jonchaient le sol de la fonderie.

A l'aide d'un silex, Michel découpait les chutes de différentes épaisseurs en rondelles.

Il les plaçait ensuite dans deux tubes de carton qui coulissaient l'un dans l'autre, rapprochant ou éloignant les verres à loisir.

Il mit ainsi au point un semblant de lunette d'approche.

L'instrument, très embryonnaire, lui permettait de mieux étudier les astres et les étoiles.

A son temps perdu, et pour débarrasser sa mère d'un souci ménager d'importance, l'adolescent inventa une substance qui permettait la conservation des confitures.

Le procédé consistait à ajouter à la mélasse pendant sa cuisson, de la cannelle et des girofles pilées. De cette façon, les confitures préparées à l'automne pouvaient se garder tout l'hiver sans perdre de leur saveur.

Ainsi, s'attelant à de menues et diverses besognes, Nostradamus vécut jusqu'à l'été de 1518 dans cette superbe vallée provençale miraculeusement épargnée par les soldats qui guerroyaient aux quatre coins de l'Europe.

CHAPITRE
2

A la tombée des feuilles, Jaumet de Notre-Dame estima que son fils aîné Michel qui allait atteindre sa quinzième année, était prêt pour aller faire ses humanités en Avignon, capitale du Comtat Venaissin.

Enclave de la papauté en Provence, Avignon était une ville d'études pour l'enseignement d'alors, après avoir été une bien éphémère capitale de la chrétienté.

A peine distante de quelques lieues de Saint-Rémy, la cité papale émerveilla le jeune étudiant par sa rigoureuse beauté plastique et la fierté de ses murs. Les hauts remparts et les impressionnantes tours carrées faisaient ressembler la ville à une forteresse.

Depuis 1348, date à laquelle le pape Clément VI l'avait achetée à Jeanne Ire, reine de Sicile et comtesse de Provence, la ville appartenait à l'Église.

Dans les rues fort animées et dans les nombreux marchés où se traitaient les affaires du pays, se retrouvaient des commerçants venus du nord et du midi, certains d'au-delà des Alpes. Il s'y mêlait en grande confusion langues, nationalités, us et mentalités.

Les plus belles demeures étaient la propriété de riches marchands achetant dans la région les huiles d'olives, les fruits, les légumes et les fleurs, vendant le grain, les étoffes et les bêtes.

La ville aux toits roses se trouvait au carrefour de trois provinces françaises : le Dauphiné, la Provence et le Languedoc.

Louis Schlosser (1) a décrit la cité rescapée du grand schisme d'Occident comme une « parcelle de Renaissance italienne au pays gaulois ».

Michel s'installa chez sa tante Marguerite, une sœur cadette de son père, dans une très belle maison grège de la rue des Malitornes, à quelques pas du collège de la place des Eudes où Nostradamus devait être scolarisé.

Tante Marguerite était une fort belle dame aux toilettes de grande allure qui laissaient deviner une poitrine laiteuse et finement veinée.

Elle était mariée à un certain Pierre Johannis, teinturier de son état qui, après diverses fâcheries avec son épouse s'était réfugié dans un petit appartement au-dessus de la teinturerie de la rue de la Madeleine, très connue pour la légèreté des dames qui y tenaient commerce de leurs charmes.

A vrai dire, Maître Johannis aurait pu trouver la même ambiance chez sa femme, mais avec beaucoup plus de raffinement et d'élégance.

La luxueuse demeure de tante Marguerite était fréquentée par de gentes dames de la ville fort bien chapeautées et de joyeux mirliflores piaillants.

Nostradamus comprit bien vite que ces damoiseaux et ces coquettes ne se rencontraient pas innocemment pour déguster du vin cuit, de l'hydromel ou de la cervoise, et que

---

(1) Philosophe, il fut l'un des premiers décrypteurs des « Centuries » de Nostradamus.

tante Marguerite faisait curieux commerce d'appareilleuse.

Dans le grand salon tendu de velours bistre, tout ce joli monde parlait chiffons, frivolités, caquetage de cour, ragots de boudoir, libertinage, mais aussi politique.

C'est en tendant l'oreille que Nostradamus apprit qu'un certain moine augustin appelé Martin Luther, théologien et réformateur allemand, venait d'afficher sur le portail du château de Wittenberg ses « quatre-vingt-quinze thèses », donnant ainsi le coup d'envoi à la Réforme.

Voulant en savoir plus sur cet homme de Dieu qui imprimait l'Histoire de sa foi, Nostradamus rendit visite à Monseigneur l'archevêque d'Avignon.

Le prélat, pressé de questions, éclaira le jeune Michel sur ce moine qui occupait la chaire d'écriture sainte à l'Université de Wittenberg.

— L'homme qui enseigne les Épîtres de saint Paul est un bien curieux chrétien, révéla l'archevêque à Nostradamus. En référence à la doctrine paulienne de la justification par la Foi, il s'est élevé contre le trafic des indulgences. Ses quatre-vingt-quinze thèses que l'on peut considérer comme le point de départ de la Réforme sont une attaque au principe même des indulgences...

Le jeune Michel de Notre-Dame médita longuement sur les révélations de l'archevêque et conclut que ce Luther était à suivre d'intéressante façon. Le combat de ce moine trouva tout de suite en Nostradamus un fougueux adhérent.

Chez tante Marguerite, les visiteurs ne passaient pas leur temps en vains bavardages.

Les coquettes chambres du second étage drapées de rose ou de bleu abritaient des jeux peu anodins.

Le jeune homme qui occupait un petit réduit au fond du couloir en était régulièrement le témoin auditif.

Les cris, les gloussements de ces dames, les couinements, les soupirs de ces messieurs et les grincements des couches étaient ambiance courante.

Un soir qu'il rentrait de la Faculté des Arts, Nostradamus croisa dans le grand escalier de marbre, une superbe femme en chemise et jupons qui s'accrochait à la rampe pour conserver son équilibre.

Le jeune homme l'aida à rester digne et droite.

Le vin de Provence avait fait son effet et rendu la belle fort gaie.

— Quel est ce joli minois que je ne connais pas... ? balbutiat-elle. Tu me sembles bien jeunet pour être un client de madame Marguerite.

Nostradamus rectifia :

— Je ne suis pas un client, je suis son neveu. La belle éclata de rire devant le garçon offusqué.

— Elle nous avait caché ce trésor, la vieille intrigante... comment t'appelles-tu ?

— Michel.

— Michel tout court ?

— Michel de Notre-Dame comme mes géniteurs, mais on m'appelle Nostradamus.

La ravissante dame s'appuya sur l'épaule du garçon :

— Moi, je m'appelle Hortense de Cranach. Mon mari est artiste-peintre fort connu et fort riche. Il passe son temps au fait des collines avoisinantes à peindre des femmes nues sur les rochers ou sous les arbres. Lui, il s'amuse et moi, je m'ennuie. C'est pourquoi je viens me distraire chez madame votre tante. L'accent de la belle était charmant et ne manquait pas d'intriguer Nostradamus.

— Vous n'êtes pas française ?

— Cela se voit tellement ?

— Cela ne se voit pas, répliqua en souriant le jeune homme, mais cela s'entend. C'est d'ailleurs fort plaisant.

La sculpturale germaine eut un léger hoquet qui amusa le jeune homme.

— Je suis Bavaroise, reprit-elle. D'ordinaire, je vis à Wittenberg avec mon peintre de mari dans une maison trop grande, trop froide. Mon époux avait besoin d'une lumière somptueuse pour ses toiles et voilà pourquoi nous sommes là. Il paraît que la lumière de Provence est incomparable.

Nostradamus avait sursauté en apprenant le nom de la ville où Hortense de Cranach résidait.

— Wittenberg, dites-vous ? N'est-ce pas à l'Université de cette ville que le théologien Martin Luther occupe la chaire d'écriture sainte ?

— Bien sûr ! Ce moine révolutionnaire est un ami de mon mari et fréquente régulièrement mes salons.

Avec un sourire plein de sous-entendus, la belle Bavaroise qui, malgré son état d'ivresse, avait décelé l'intérêt profond que ce jeune homme portait à Martin Luther ajouta en roucoulant :

— Voulez-vous que je vous parle de lui ?

— Je vous en serai gré, Madame.

Madame de Cranach prit le bras de Nostradamus.

— Alors, conduisez-moi chez vous et offrez-moi un verre. C'est indispensable pour la mémoire...

Dans la chambre de Nostradamus, le jeune homme tenta bien à de nombreuses reprises d'aiguiller la conversation sur le moine de Wittenberg, mais la belle Bavaroise avait d'autres idées en tête.

Jusqu'à ce jour et malgré l'approche de ses seize ans, Nostradamus avait peu pensé aux femmes. Quelques dames de Saint-Rémy avaient bien attiré son attention, mais l'intérêt avait été fugace.

Pour la première fois, le jeune homme se trouvait seul en un lieu clos en compagnie d'une très belle femme qui, de surcroît, laissait transpirer sans retenue ses intentions.

C'est ainsi que tout en devisant sur les volontés d'un moine réformateur de Thuringe, Nostradamus, après une cascadelle de caresses précises, se retrouva en chemise, embrassant une bien attirante personne dans l'exacte tenue des modèles que son mari aimait peindre.

La sève bouillonnait dans les veines de l'adolescent et la gourmande dame faisait avec un plaisir évident, étalage de sa science amoureuse.

Il n'en fallut pas plus pour que l'initiation du jeune homme aux jeux subtils de l'amour fût une totale réussite.

A la Faculté des Arts d'Avignon, Nostradamus passa brillamment les examens du trivium (grammaire, rhétorique, logique) et du quadrivium (arithmétique, géométrie, musique et astronomie).

Le soir, en compagnie d'un vieux professeur sec et déchevelu qui fréquentait assidûment les salons de tante Marguerite — « uniquement pour le plaisir de la vue », précisait-il —, Nostradamus approfondissait ses connaissances en latin.

En fin d'année d'études, le jeune Michel fut remarqué comme très brillant élève doué d'une étonnante mémoire.

Son professeur d'astronomie dira dans un compte rendu de fin d'année que « la mémoire de Michel de Notre-Dame était presque divine ».

Ses camarades de faculté l'avaient surnommé « le jeune astrologue » parce qu'il leur signalait et leur expliquait les phénomènes célestes avant même que ceux-ci ne se manifestent.

Sous l'œil attentif des prêtres, Nostradamus étudia toutes les arcanes de la philosophie, se montrant plus brillant que ses maîtres dans cet exercice de la raison, dans le domaine de la pensée et de l'action.

Ses profondes réflexions sur le sens et la légitimité des

pratiques scientifiques, éthiques et politiques étonnèrent les plus savants.

En ses temps libres, le jeune homme fréquentait assidûment les travées de la célèbre bibliothèque papale où étaient réunies d'importantes collections de textes occultes et de nombreux traités d'astrologie.

Le jeune Michel lisait aussi des ouvrages de chevalerie, d'aventures épiques et d'amour.

A la bibliothèque papale, Michel de Notre-Dame découvrit une édition originale du « Roman de la Rose » une des œuvres les plus importantes du Moyen Âge, écrite en deux temps par Guillaume de Lorris puis par Jean de Meun. Ce code de l'amour courtois détournait allégrement Nostradamus de ses sévères lectures habituelles. Il fit longtemps de ce poème cosmologique sa lecture de chevet.

Lorsque Michel de Notre-Dame entreprit l'étude de la langue anglaise, il tenta tout de suite d'assimiler les sept mille vers du « Roman de la Rose » traduits par le poète britannique Chaucer.

Plus tard Nostradamus réunira dans sa bibliothèque les œuvres les plus éclectiques allant de « L'éloge de la Folie » d'Érasme aux « Éléments » d'Euclide en passant par « L'Adolescence Clémentine » du jeune écrivain Clément Marot ou les poèmes historico-allégoriques « Teuerdank » réunis par l'Empereur Maximilien Ier ainsi que « La Prison des Amours », le roman de Diego Fernandez de San Pedro. C'est dans cette œuvre du romancier espagnol que Nostradamus découvrira que l'amour peut apparaître comme une aspiration d'ordre métaphysique.

A la Faculté des Arts d'Avignon, la tradition permettait aux prêtres d'infliger des sévices corporels aux élèves indisciplinés.

Plusieurs fois, Nostradamus fut fouetté devant ses compagnons pour avoir osé donner le nom d'une centaine d'étoiles sans la moindre hésitation, passant pour un imposteur et un visionnaire.

Il fut souvent puni pour avoir répondu à des questions avant même qu'elles ne fussent posées et pour avoir prédit le temps avec grande précision.

Un de ses camarades de classe Benoît Moura également originaire de Saint-Rémy, le pria un jour de donner un exemple de ce don de voyance qu'il disait avoir.

Nostradamus sourit et lui confia :

— Dimanche, j'étais installé sous un olivier à l'orée de la forêt. J'étais plongé dans la lecture d' « Euryale et Lucrèce » cette merveilleuse histoire de deux amants écrite par le pape Pie II, lorsque je vis arriver une fort jolie jeune fille qui s'en allait quérir du bois mort dans la forêt. La voyant rougissante et tête basse, je la saluais d'un respectueux « Bonjour damoiselle ! » Lorsque la fille ressortit du bois une heure plus tard, je l'ai saluée en souriant d'un clair « Bonsoir, madame... ! »

La coquine, rouge de confusion, s'est éloignée en courant. J'ai eu la preuve de la justesse de mes vues lorsqu'un jeune bûcheron est sorti du bois à son tour en rajustant sa mise...

C'est dans les salons de sa tante Marguerite que Nostradamus fit la connaissance d'un noble seigneur venu de Paris : Le Chevalier Albon de Saint-André.

Ce jeune courtisan habitué des rendez-vous du bon roi François Ier colportait le long de son périple qui devait le conduire en Languedoc, les nouvelles de la capitale.

Ainsi, Nostradamus apprit-il la mort de Léonard de Vinci au château de Cloux (1) près d'Amboise.

Son grand-père maternel lui avait longuement parlé de ce Florentin de génie, à la fois peintre, sculpteur, architecte, ingénieur et savant, invité à la cour de France par François Ier. Homme hors des mesures, il avait traversé les Alpes et la France sur un vieux cheval, avait amené dans ses fontes quelques toiles peintes à Florence qu'il tenait à offrir au roi.

Parmi ces toiles roulées dans du parchemin gras il y avait « La Joconde ».

Au roi François Ier, Léonard de Vinci avait aussi apporté des tracés d'inventions.

Le magicien de Florence se proposait de mettre au point une lunette d'approche qui devait permettre la vision des étoiles mille fois rapprochées. Les dessins étaient prêts mais l'ingénieux savant avait-il eu le temps de réaliser son projet ?

Cette lunette astronomique imaginée par Léonard de Vinci, c'est ce que Nostradamus rêvait le plus de posséder...

Un camarade de faculté : Simon de Beliveau à qui il avait fait confidence qu'il était d'essence juive, même si maintenant il se trouvait être de religion catholique, le conduisit dans une rue de la ville basse : la rue aux Juifs. Cette ruelle aux murs lézardés et de triste couleur était ainsi nommée parce qu'elle n'abritait que des familles juives ayant refusé la conversion.

Cette rue était barricadée aux deux extrémités et formait une sorte de ghetto.

Il était permis à ces Juifs d'exercer des métiers, de fabriquer, d'acheter et de vendre, mais à l'intérieur des limites fixées.

Une des maisons de la rue avait été transformée en lieu de culte.

_____

(1) Aujourd'hui nommé manoir du Clos-Lucé.

Nostradamus fut effrayé de découvrir qu'obligation était faite aux Juifs de porter sur la poitrine une rouelle de drap jaune en signe distinctif.

Cette roue de la honte avait été imposée aux Juifs « pour qu'ils soient bien reconnus », par le Concile national de Narbonne en 1227.

Trois siècles plus tard elle était encore obligatoire et les dimensions de cette roue avaient été fixées par le pape Grégoire IX.

Les larmes aux yeux, Nostradamus ne put s'empêcher de crier :

— Comment peut-on faire cela à mes frères ?

L'étudiant Michel de Notre-Dame tenait souvent réunion dans l'amphithéâtre de la Faculté.

Le jeune astrologue était fort écouté de ses compagnons de classe mais aussi des professeurs car il racontait les astres et les étoiles comme s'il s'agissait d'êtres voisins, les appelant souvent par leur nom savant. Il donnait aussi avec grande précision la distance qui les séparaient de notre planète.

Heureux d'étaler sa science, Nostradamus était aussi assoiffé de savoir. Il était persuadé que sa vie entière ne suffirait pas à satisfaire son insondable besoin de connaissances.

Enrique Da Silva Araujo, un étudiant portugais qui s'était pris d'amitié pour Nostradamus lui parlait avec enthousiasme d'un garçon de son pays qui était parti aux commandes d'une réale pour aller voir ce qu'il y avait au bout de la mer infinie. Il avait découvert des terres vierges, les avait longées vers le sud et trouvé dans les grands froids, une étroite faille. Le navigateur s'y était engouffré et avait débouché sur le grand océan inconnu. Le marin, Fernão do Magalhães, surnommé Magellan, donna son nom à ce couloir battu par les vents. Tout au sud du

Nouveau Monde, le navigateur avait dû lutter contre les éléments déchaînés. Il avait fini par découvrir une nouvelle immensité qui, à l'horizon rejoignait le ciel.

Magellan avait décidé de se lancer vers le couchant. Il dut pour cela, mater une mutinerie à son bord qui décima la moitié de son équipage. Les hommes ne voulaient pas le suivre dans cette nouvelle et folle aventure. Les vivres et l'eau potable commençait à leur manquer. Mais l'enthousiasme du grand navigateur eut raison des craintes de ceux qui lui étaient restés fidèles...

Nostradamus voulait absolument rencontrer cet homme qui avait vu l'autre côté de notre terre. Malheureusement, Enrique Da Silva Araujo, recevant des nouvelles de sa famille installée à Sabrosa, la ville où naquit Magellan, devait apprendre que le courageux navigateur avait été assassiné dans une des îles de l'archipel du grand océan que les marins appelaient Philippines.

Des marins rescapés du massacre avaient pu revenir au pays pour raconter le drame.

C'est au large de l'Ile de Mactan dans les Philippines orientales que la réale avait été attaquée par des hordes de pirates tagals. Le cœur de Magellan avait été transpercé par une sagaie.

A l'issue d'une réunion au cours de laquelle Nostradamus avait justifié de brillante façon ses prises de position en faveur de l'étude sérieuse des astres et sa profonde conviction concernant les thèses de Copernic qui avait émis l'hypothèse du double mouvement des planètes sur elles-mêmes et autour du soleil, un homme d'une quarantaine d'années, bien mis et visiblement étranger à la ville s'approcha de lui et lui donna l'accolade.

— Jeune homme lui dit cet enthousiaste inconnu, je m'appelle Symphorien Champier, médecin à Lyon. J'ai publié sous le nom de Vincent de Portnoratis un ouvrage volumineux sur les prognostications des prophètes et des médecins... Eh bien, vous m'avez révélé dans votre exposé, des méthodes d'investigations planétaires et de recherches dans l'étude du « demain » que je ne soupçonnais même pas... Vous irez loin, jeune homme, votre science est très grande, mais il faudra vous garder de tous côtés. Vos révélations et vos conclusions n'iront pas sans éveiller l'ire des religieux qui ne voient en nous que des savants hérétiques.

Pour donner plus de raison encore aux judicieux conseils de Symphorien Champier, on commençait à commenter dans toutes les écoles de la province, les méthodes du jeune astrophile... Commentaires enthousiastes souvent, mais parfois amers et saupoudrés de haine jalouse. Ces propos obligeants ou pleins de suspicion parvinrent jusqu'à Saint-Rémy.

Jaumet et Reynière, les parents de Nostradamus se trouvèrent ainsi plongés brutalement dans une situation délicate et devinrent le point de mire des inquisiteurs de la région.

Issus d'une lignée de Juifs convertis, descendants de la tribu des Issachar, les Notre-Dame furent les parfaits boucs émissaires en cette période de tension religieuse entre papistes et huguenots.

Les fanatiques religieux reprochaient aux Juifs d'avoir assassiné le Christ et ils en tenaient chacun pour responsable.

Tomás de Torquemada, inquisiteur-général pour toute la péninsule ibérique s'était rendu célèbre par son intolérance. Ce dominicain barbu et sujet à des crises de démence pourchassa l'impur sur tout son territoire, torturant et tuant plus de quinze mille Juifs.

Apprenant qu'il y avait des mécréants dans sa propre ville natale, Valladolid, il voulut la faire brûler comme Néron avait fait brûler Rome...

Les Juifs qui purent échapper à ses griffes se réfugièrent en

Languedoc et en Provence. Les arrière-grands-parents de Nostradamus, les Gassonet étaient de ceux là...

En 1481, le bon roi René avait légué sa province à son neveu Charles III du Maine qui la rattacha à la couronne de France et les persécutions contre les Juifs reprirent.

Louis XI conseilla aux Juifs de se convertir au christianisme pour éviter d'être pourchassés.

C'est ainsi qu'entre l'exil assorti de tortures et la conversion, la famille Gassonet venue d'Andalousie choisit la seconde solution pour ne pas s'exposer au mauvais sort.

Les Gassonet devinrent les Notre-Dame et fréquentèrent assidûment l'église de Saint-Rémy tout en conservant en secret leurs propres croyances et respectant scrupuleusement les rites et les fêtes hébraïques.

C'est ainsi, que Juif jusqu'au plus profond de ses convictions et chrétien de rassurante religion, Nostradamus mena spirituellement une double vie parfaite.

Jaumet de Notre-Dame ne souhaitait pas voir son fils préféré devenir astrologue. Cette science lui paraissait par trop imprécise. Il voulait que Michel devienne un grand médecin. Devant le peu d'enthousiasme que le jeune homme manifestait face aux projets paternels, le grand-père de Nostradamus lui conseilla une solution des plus pratiques :

— Entreprends de sérieuses études de médecine pour satisfaire ton père et ce faisant, tu pourras admirer les étoiles tout à ta guise, car le monde est beaucoup plus tolérant envers les astrologues lorsqu'ils sont férus de médecine.

CHAPITRE
3

En octobre 1521, Nostradamus fit son entrée à la Faculté de Médecine de Montpellier. C'était le début de sa vocation.

Il s'installa dans une maison basse au numéro 6 de la rue du Foin entre la rivière Lez et le quartier des écoles.

En classe, il étudia la philosophie, la médecine, les simples, la pharmacologie et l'anatomie.

Dans la cave voûtée de sa maison, il installa un véritable laboratoire où il s'adonnait à de curieux travaux.

Pour Nostradamus, médecine et alchimie allaient de pair. Son but était double. Il voulait pouvoir guérir les corps, mais aussi les âmes.

A la bibliothèque de l'école, en fouillant dans les panières, il découvrit un livre jauni d'un certain Alberto Magnus qui le passionna : « De la nature et du pouvoir guérisseur de l'Univers. »

Dans sa cave, encombrée d'alambics, de cuves pleines de liquides bizarres, de cornues, de mortiers, il tentait de mettre en pratique les découvertes occultes et médicales des alchimistes réputés tels Paracelse (1) et Cornélius Agrippa.

---

(1) Alchimiste suisse (1493-1541) père de la médecine hermétique. Agrippa fut son premier disciple.

La théorie de Paracelse concluait que bonne guérison et mauvaise maladie venaient de l'esprit et qu'il fallait donc que le médecin commence par guérir l'esprit.

Sa doctrine avait également pour fondement une correspondance entre le monde extérieur et les différentes parties de l'organisme humain.

L'exposé d'Agrippa consistait à démontrer que le savoir conscient de l'homme était vain. Celui-ci souffrait du fait qu'on lui enseignait à tort que le corps était séparé du pouvoir de la nature.

Si l'on en croit Agrippa, l'alchimiste devait s'imprégner de cet état d'esprit avant d'explorer les voies obscures de la magie.

Dans sa cave, Nostradamus se livrait parfois à des recherches moins ardues que la quête de la source d'où jaillissaient toutes les choses de l'Univers.

Il mit au point, par exemple, un appareil à réflexion dont le limbe gradué permettait de mesurer les hauteurs des astres.

Ulcéré par le manque d'hygiène qu'il avait constaté dans les milieux hospitaliers et les risques éventuels que les saignées et les purges faisaient subir aux malades, Nostradamus inventa une décoction à base de plantes rares destinée à stériliser les instruments de chirurgie.

A l'époque, l'origine de la plupart des maladies était un mystère et se laver était un péché.

Les grandes villes étaient de véritables bouillons de culture pour tous les microbes et à chaque retour du printemps la peste accompagnait les hirondelles... (1)

A la Faculté de Montpellier, Nostradamus s'enticha quelque temps d'une jeune étudiante albigeoise prénommée Éléonore. Fort jolie et bien faite, la belle était malheureusement com-

---

(1) François Valériolle : « Contagions ». François Valériolle fut nommé en 1572 professeur en médecine à l'Université de Turin.

plexée par un visage qui présentait une couleur de peau irrégulière.

Pour Éléonore, l'alchimiste inventa une crème qui avait le pouvoir de rosir l'épiderme facial. Plus tard, Nostradamus commercialisera cette crème lors de sa longue pérégrination à travers la France du sud.

Éléonore écrivit à sa sœur demeurée à Albi pour lui dire le miracle dont elle avait bénéficié :

« Je n'ai jamais connu plus souverain fard et emblanchissement de la face qui se puisse faire au monde. Il rend la peau aussi claire que neige sans la gâter ni la tirer, sans corrompre les dents, mais rendant une souveraine splendeur naïve à la face. Me voilà belle, sans tache ni pannes... »

En attendant que son sublimé sèche au soleil, Nostradamus s'était occupé en mettant au point une recette pour confire les laitues...

A la nuit tombée, Nostradamus s'éloignait jusqu'au lieu-dit « La Rocaille de la Pitié », une enclave rocheuse et désolée sur les bords du Lez.

Sur les berges ensablées, il retrouvait autour d'un feu de camp au-dessus duquel grillaient quelques volailles, une troupe d'errants qui avaient pris pour chef un certain Zoltan.

L'homme était grand, sale, toujours vêtu d'un pantalon de grosse toile noire, d'une chemise brocardée et d'un gilet de couleur finement brodé.

Il portait boucle d'or à l'oreille et sa peau était sombre comme l'ambre.

Zoltan régnait sur cinq à six cents malandrins sans scrupules et sans peur, gitans venus d'au-delà des monts, ribaudes belles et agressives. Toute une crapaudaille vivant de rapines, de chants et de danses.

Dans un visage tanné par le vent, Zoltan avait le regard bleu sombre des hommes de la route.

Le jeune Nostradamus qui venait d'accomplir ses dix-neuf ans plut tout de suite au grand roi des bohémiens.

La couleur de sa peau, son port, ses manières n'étaient pas des leurs, mais dans ses yeux clairs d'astrophile, une lueur savante laissait supposer, que comme les gens du voyage, il savait lire le tangible et l'intangible dans l'observation du cosmos.

Et puis, ne s'étaient-ils pas connus de cette façon qui cimente les amitiés ?

Un soir qu'il se promenait à l'entour de leur campement attiré par les feux, les chants et les danses et cherchant dans la constellation céleste la preuve que l'homme, à l'image de l'espèce intersidérale avait deux maîtres : La nature, maître implacable et le hasard, maître sublime, Nostradamus vit soudain une dizaine d'archers à cheval foncer, la lance au poing sur un groupe de paisibles gitans réunis autour d'un feu.

Les hommes du grand Prévôt avaient pour mission de chasser les sorciers, devins démoniaques et agents du diable.

Se jetant dans la mêlée au milieu des hommes de Zoltan, Nostradamus s'empara d'une torche enflammée et mit à lui seul la moitié des assaillants hors de combat.

Les autres tournèrent bride et disparurent dans la nuit.

Un homme de Zoltan, le géant Bouracan laissé pour mort après l'échauffourée, fut ressuscité par Nostradamus grâce à des onguents et des liniments de son invention.

Les hommes et les femmes du roi Zoltan adoptèrent tout de suite le jeune héros.

Le roi, en guise de gratitude, lui passa autour du cou un lourd collier d'or.

Ses visites aux gitans se firent de plus en plus fréquentes.

Avec les diseuses de bonne aventure, les liseuses aux astres,

Nostradamus s'initia aux arts interdits et à la magie (1).

C'est à cette époque qu'il connut ses premières crises d'épilepsie.

Par la suite, il sera prouvé que Nostradamus avait révélation de sa connaissance des temps et lançait ses prédictions après ses crises les plus aiguës.

Sévrina la vieille mère du roi Zoltan qui se souvenait avoir vécu plus d'un siècle, décela tout de suite chez le jeune étudiant une puissance du savoir hors du commun.

L'aïeule aimait s'asseoir sur la dernière marche de sa roulotte, la jupe bariolée serrée entre les jambes et la main posée sur l'épaule de Nostradamus.

— Mon fils... tu ressembles à un dieu savant que les Grecs appelaient Hermès Trismégiste. Il était le dieu du commerce, des inventions, des rusés et des voleurs. C'était aussi le messager des autres dieux et le guide des âmes allant à leur dernier lieu de repos.

Nostradamus s'étonna de tant de savoir chez cette vieille gitane.

— Comment savez-vous tout cela, Sévrina... ? demanda le jeune homme.

La vieille ferma les yeux :

— Tout est dit dans les œuvres sacrées que Hermès a réuni dans ce grimoire et que je te transmets, lui répondit la sorcière en lui tendant un gros volume poussiéreux sur la couverture duquel on pouvait lire : " Les Hermétiques ". Tu y apprendras que " Trismégiste " signifie trois fois maître ou trois fois le plus grand. Tu y découvriras les secrets de l'alchimie, de l'astrologie et de la magie.

Il fallut peu de temps à Nostradamus pour mettre en évidence son nouveau pouvoir et ses dons de magicien.

Un soir de l'automne 1522, Malipa, une des plus jeunes

(1) E. Jaubert « Curiosité des Sciences occultes. » Amsterdam, 1656.

femmes du roi Zoltan qui en comptait douze, fut arrêtée par les sbires du grand juge prévôtal alors qu'elle s'était aventurée jusqu'à la place aux Foins.

Au milieu des marchands, Malipa disait la bonne aventure à de crédules bourgeois tout en les soulageant de leur bourse.

Les archers s'emparèrent de la jeune bohémienne alors qu'elle prédisait à un rubicond marchand de soies une ribambelle d'aventures amoureuses où il se montrait vaillant.

Conduite devant le grand Prévôt, Malipa fut condamnée à être brûlée vive en place publique.

Menée au bûcher, la jeune femme convaincue d'hérétisme fut attachée au poteau sur un monceau de fagots de bois.

Tous les hommes de Zoltan, bloqués derrière une lignée d'archers étaient venus assister au supplice de la malheureuse.

Alors que les flammes commençaient à lécher les pieds de Malipa, Nostradamus serra fort le bras de Zoltan et leva les yeux au ciel.

— Roi des gitans... il n'y aura pas de malheur pour toi aujourd'hui.

Un grand souffle de tramontane s'abattit soudain sur la place.

Les bois enflammés s'envolèrent d'un coup et retombèrent sur les archers qui prirent feu comme des torches et se mirent à courir vers les bords du Lez dans lequel ils se jetèrent tous.

Il suffit de quelques instants aux hommes de Zoltan pour délivrer la belle Malipa et disparaître dans la nature.

La légende de Nostradamus le magicien venait d'écrire ses premières pages.

Au début du mois de décembre 1524, des gitanos venus des Carpathes et descendant vers le Sacromonte d'Andalousie firent halte à Montpellier.

Zoltan accueillit le roi Riego de Sarmatie comme un frère.

Une des femmes du roi Riego, Lona, apprit à Nostradamus à jouer à un étrange jeu de cartes venu d'Allemagne : le « jeu de la chasse ». Les quarante cartes du jeu qui représentaient des scènes de chasse, étaient peintes à la main.

Les couleurs étaient le chien, le cerf, le canard et le faisan.

La gitane interprétait chaque carte en exprimant le symbolique allégorique de ce qui était la forme première du tarot.

Elle apprit à Nostradamus l'art d'entrevoir les métaphores en images qui exprimaient les préoccupations de l'homme, la plus importante étant la fixation du temps.

Partant de son nouveau savoir, Nostradamus s'attela à la perfection d'un calendrier enregistrant avec précision les changements qu'il voyait se produire.

Il observait la procession des équinoxes, les mouvements astronomiques des étoiles et des planètes et d'autres phénomènes répétitifs.

Il s'aventura aussi à la minéralogie, établit de manière plus précise ses connaissances en astrologie, étudia la voie de l'individuation, le paganisme (1).

De retour à Saint-Rémy-de-Provence pour les fêtes de la nativité, Nostradamus rencontra chez son grand-père Jean, un étrange personnage venu du nord de l'Italie, qui parlait haut et clair avec un accent chantant et accompagnait ses dires de grands gestes.

Pietro Paolo da San Chirico (ainsi se présentait-il) était venu demander à Jean de Saint-Rémy de traduire en français un ouvrage qu'il avait consacré à une invention étrange que les moines installés dans la vallée du Taro, petit affluent du Pô avaient baptisé « I Tarocchi ».

(1) Fidélité au polythéisme.

Sous le titre générique de « Capitolo del Giocco della Primiera » il s'agissait de la première référence écrite au jeu de tarots établi dans sa forme nouvelle par les familles Visconti et Sforza.

Nostradamus rapprocha immédiatement la démarche du « jeu de la chasse » révélé par Lona et « I Tarocchi » italiens.

Dans ce jeu étrange, les animaux du jeu venu d'Allemagne étaient remplacés par des personnages allégoriques : le fou, le bateleur, la papesse, l'impératrice, l'empereur, le pape, l'amoureux, le chariot, la justice, l'ermite, la force, la mort, le pendu, le diable, la maison-Dieu, l'étoile, la lune, le soleil, le jugement, la roue de la fortune.

En écoutant le bavard transalpin lui révéler la signification des personnages des arcanes majeurs des « Tarocchi », Nostradamus découvrit que les vingt-deux signes mystérieux du jeu suivaient le même cycle que les vingt-deux voies qui reliaient les dix Sephiroth de l'arche de vie des Kabbalistes.

La doctrine hébraïque de la Kabbale, Nostradamus l'avait apprise de son père.

Jaumet de Notre-Dame avait révélé à son fils Michel qu'il s'agissait d'un système théosophique embrassant la perception mystique de Dieu.

D'après les livres des anciens, la Kabbale avait été enseignée par Dieu lui-même à un groupe choisi d'anges qui formaient une école théosophique au Paradis.

Nostradamus découvrit aussi que « I Tarocchi » étaient structurés sur le même modèle que le cerveau qui construit mathématiquement la réalité en interprétant des fréquences venant d'une autre dimension : le domaine des réalités signifiantes primairement archétypales qui transcendent le temps et l'espace (1).

(1) « Grande Encyclopédie du Tarot » de Stuart R. Kaplan.

Nostradamus s'enflamma pour cette extraordinaire symbolique.

Il devint un adepte fervent du gnosticisme, doctrine qui fondait le salut sur le rejet de la matière soumise aux forces du mal et sur une connaissance supérieure des réalités divines.

Le jeu qu'étalait Pietro Paolo Da San Chirico pour illustrer les règles des « Tarocchi » présentait les personnages énoncés avec des couleurs ternes.

Le jeune Michel s'amusa à parfaire la symbolique des personnages par la symbolique des couleurs.

Il constitua un jeu en y ajoutant des tons aussi violents que significatifs.

Le rouge se référait directement au feu et au sang.

Le bleu intense apparaissait comme la couleur des profondeurs.

Le vert sombre représentait la couleur du végétal indiscipliné.

Le jaune devait faire penser au soleil.

A ces quatre teintes franches, il ajouta les deux couleurs sur lesquelles elles pouvaient reposer :

Le noir était la couleur de ce qui était enfoui et riche de mystère.

Le blanc de neige illustrait la rareté et la fragilité (1).

Au cours d'un dîner, le loquace Pietro Paolo da San Chirico qui avait remarqué tout l'intérêt que Nostradamus portait à ce qui venait d'Italie, lui raconta mille anecdotes sur ce pays magique et aussi quelques nouvelles informatives.

Ainsi lui apprit-il que le roi François Ier avait été battu à Pavie et fait prisonnier par les Impériaux.

---

(1) Les jeux de tarots utilisés de nos jours sont toujours composés avec les couleurs créées par Nostradamus.

La nouvelle pourtant d'importance ne sembla pas émouvoir son auditeur.

L'Italien s'étonna de cette indifférence envers le sort du roi de France malmené en terre étrangère.

Nostradamus s'expliqua :

— Je ne me soucie guère parce que je sais que mon roi ne restera prisonnier qu'un temps et que les revers militaires en Italie ne seront que péripéties de peu d'importance. François le premier va vivre encore deux décennies (1) au cours desquelles il va faire rayonner la France à travers ses armées mais aussi ses lettres et ses arts.

En effet, poètes et artistes viendront du monde entier attirés par le mouvement de la Renaissance et ce sera la plus belle de nos victoires.

De retour à Montpellier à l'aube de l'an 1525, Nostradamus retrouva sa chambre de la rue du Foin, ses cours à la Faculté de Médecine, ses studieux camarades de classe et ses nuits avec les étoiles au campement du Roi Zoltan.

C'est à la « Rocaille de la Pitié » qu'un soir de fête bohémienne Nostradamus tomba sous le charme de Nunzia une jeune gitane belle comme une diablesse.

Elle dansait comme les nomades d'Espagne et son regard de feu embrasait les sangs des hommes.

Nunzia était la propriété d'Alonzo, un andalou ombrageux qui pouvait planter la lame de son couteau dans le cœur d'une figue à vingt pas.

Zoltan fit venir la jeune femme dans sa roulotte.

— Que comptes-tu faire... ? J'ai vu ton manège. Alonzo est

_____

(1) François Ier mourra en 1547.

des nôtres, mais Michel est notre ami... J'ai vu que tu as donné ton corps à l'un, mais tes yeux sont à l'autre.

La belle s'agenouilla devant son roi :

— J'appartiens à Alonzo, mais mes pensées vont toutes vers Michel qui n'est pas de notre sang. Ordonne Zoltan et je ferais ce que mon roi me dira de faire.

Le roi qui appréciait Alonzo et respectait Nostradamus prit une décision à la César.

Il annonça que la belle Nunzia appartiendrait à celui qui la gagnerait au cours d'un combat singulier au bâton.

Le gitan mesurait vingt pouces de plus que Nostradamus et ses épaules étaient celles d'un gladiateur. Le combat apparaissait inégal. Peu de spectateurs donnaient une chance au jeune Michel. Et pourtant, face au monstre luisant de sueur qui avait arraché sa chemise pour combattre le torse nu, Nostradamus ne trembla pas.

Au cœur d'un cercle formé par tous les bohémiens, le jeune mage terrassa son adversaire en le paralysant du regard à chaque mouvement offensif.

Sans le frapper, il s'approcha d'Alonzo, lui enleva le bâton des mains sans que le géant amorce le moindre mouvement et alla jeter l'arme dans le feu.

Avec l'assentiment de Zoltan, Nunzia vint glisser sa main dans celle de Nostradamus pendant que chants et danses reprenaient.

Alonzo se dirigea vers l'enclos aux bêtes, prit son cheval et disparut dans la campagne.

La première nuit d'amour de Nostradamus et de Nunzia sur les bords du Lez fut accompagnée de sérénades gitanes.

La Faculté de Montpellier était une pépinière de futurs savants.

Nostradamus y fit la connaissance de Guillaume Rondelet,

Antoine Saporta, Balthazar Noyer, Honoré Castellan et de François Rabelais qui deviendra vite son ami.

L'homme venait de la région de Chinon qu'on disait le jardin de la France. Franciscain, bénédictin, étudiant errant, Rabelais avait fait halte à Montpellier parce que la ville lui semblait séduisante et qu'un peu de savoir sur la médecine ne ferait pas de mal à sa culture générale. C'était à la fois un parfait humoriste et un propagateur d'idées profondes comme la franc-maçonnerie et l'ésotérisme.

Nostradamus fut séduit par ce parfait modèle des humanistes d'alors qui luttaient avec ferveur pour renouveler, à la lumière de la pensée antique, l'idéal philosophique et moral de leur temps.

Venu souper dans la chambre de la rue du Foin, Rabelais s'étonna de toutes les recherches entreprises par son nouvel ami.

Il s'intéressa particulièrement à l'élaboration d'un calendrier qu'avait entrepris Nostradamus. Cet éphéméride basé sur des feuilles quotidiennes donna à Rabelais l'idée de son almanach et de ses « Horribles et épouvantables faits et prouesses du très renommé Pantagruel ».

François Rabelais consacra le premier exemplaire de son « Almanach Pantagruel » qu'il signa Alcofribas Nasire, ana-gramme de son nom, à son ami Nostradamus.

Il dédicaça de sa main la page de garde du volume destiné au mage qui venait de recevoir son titre de bachelier :

> « *A Maistre Nostradamus,*
> *Cette chronique de Pantagruel,*
> *Roy des Dipsodes,*
> *Restituée à son naturel avec ses faictz*
> *Et prouesses espoventables.*
> *Composée par feu M. Alcofribas*
> *Abstracteur de Quinte essence.* »

Dans le troisième numéro de son Pantagruel, François Rabelais ironisa sur les dons de voyance et de prophétie de Nostradamus.

Le pastichant avec humour, Rabelais écrivait :

« *Ayant étudié les étoiles à l'aide de l'Astrolabe armillane et L'olidade du Maître savant en astrologie Nostradamus,*

Par ailleurs Bachelier premier de la très digne Faculté de Médecine de Montpellier,

Je peux affirmer, sans crainte de contredit, que :

Cette année les aveugles ne verront que bien peu,

Les sourds oyront mal,

Les muets ne parleront guère,

Les riches se porteront plus aisément que les pauvres.

Et les bien portants mieux que les malades.

En localisant la position des astres par rapport

Aux autres, nous avons également découvert que cette année la Vieillesse sera incurable à cause des années passées... »

En guise de réponse, Nostradamus fit placarder à l'entrée de la Faculté sur un grand présentoir, la prognostication suivante :

« *Moi, Michel Nostradamus, éminent savant et astrologue de grande qualité ai cette nuit, étudié le cycle des astres les plus pervers pour établir la prophétie très précise concernant l'avenir du facétieux François Rabelais :*

Les potentialités définies par la position des constellations équatoriales et la conjonction exaltant la puissance des planètes : Soleil en Sagittaire et Mercure en Capricorne nous assurent que dans un proche avenir, à trop discourir, Maître Rabelais allait perdre sa langue et qu'à trop courir il allait se prendre les pieds dans une longue robe (1). »

---

(1) Effectivement, François Rabelais qui témoigna d'un don prodigieux de l'invention verbale eut les cordes vocales affectées à l'approche de sa quarantième année. Il porta la robe lorsqu'il devint curé de Meudon.

Cette amicale rivalité faisait de Nostradamus et de François Rabelais deux complices qui s'amusaient beaucoup l'un de l'autre.

Les deux garçons tiraient grande fierté d'étudier à Montpellier ou fréquentaient également Ulrich de Mayence et Théophraste Paracelse qui devait devenir le père de la médecine hermétique basée sur la correspondance entre le monde extérieur et les parties articulées de l'organisme humain.

A l'entrée de la Faculté, sur un pupitre de bois de noyer, un grand livre de parchemin était ouvert par un liséré de soie rouge à la page où figurait la charte rédigée en 1180 par Guilhem VIII, seigneur de Montpellier :

« ... je ne donnerai à personne la prérogative et le monopole de pouvoir, seul, enseigner et faire des cours à Montpellier.

Je veux et j'ordonne que tous, quels qu'ils soient, de quelque pays qu'ils viennent, puissent, sans être inquiétés, donner l'enseignement de la physique à Montpellier (1). »

Dans sa thèse, Nostradamus avertissait « tous et un chacun » qu'il avait lu les auteurs grecs, latins et barbares dans leur langue pérégrine.

Il était très fier de son érudition livresque qu'il plaçait nettement au-dessus de l'observation clinique que l'on imposait aux futurs médecins de la Faculté.

Il disait à qui voulait l'entendre, avoir appris le plus important de son savoir médicinal en lisant les « Œuvres d'Hypocrate » de F. M. Calvus (2).

(1) A. Germain : « Origines, Constitutions et Enseignements ».
(2) Poète latin (82-46 Av. J.-C.)

Il donnait comme parfait exemple de sa bonne raison l'histoire d'Erasme.

« Erasme — racontait Nostradamus — revenant de Venise eut l'occasion de bavarder avec Nicolas Leonicenus, homme savant et docte en toute érudition qui translatait et composait toutes sortes de livres de médecine.

Comme Erasme lui demandait pourquoi, étant si savant, il ne pratiquait ni ne visitait les malades, Leonicenus lui répondit dans sa grande sagesse comme il avait coutume, qu'il faisait beaucoup plus profit et utilité en lisant qu'en exerçant sur ses malades avec moins de troubles et fâcheries.

Nostradamus concluait qu'il n'était guère possible à un médecin qui a beaucoup de malades à visiter d'étudier et d'écrire. »

Pour le jeune Michel de Notre-Dame, Hypocrate qui représentait à ses yeux « le Phénix de l'art médical » avait tant divinement écrit, particulièrement ses « Épidémies », qu'il était douteux qu'il ait beaucoup visité ses malades.

Tout en suivant assidûment les cours de la Faculté de Médecine de Montpellier, Nostradamus se signalait déjà par une évidente pléthore médicale.

Écrivant à un de ses maîtres, le jeune Michel étayait ses thèses sur un fait rapporté dans les livres d'Hypocrate :

« Au siècle romain, la cité demeura cinq cents ans sans qu'il n'y eût médecin aucun.

Maintenant, ne sauriez aller en si petite ville que vous n'en trouviez un. »

Son doctorat en poche, rien ne retenait plus Nostradamus à Montpellier.

Zoltan et ses gitans s'apprêtaient à lever le camp en se dispersant, son ami Rabelais avait repris la route vers Chinon sa ville natale, et comme les nouvelles les plus alarmantes concernant l'épidémie de peste qui venait de se déclarer en Languedoc s'étaient répandues dans toute la région, le jeune médecin-astrophile décida de quitter la Faculté pour aller combattre le fléau bubonique avec ses faibles armes.

CHAPITRE
4

La province venait d'être déclarée la plus pestueuse de France.

A Montpellier les étudiants décidèrent d'imiter Nostradamus et les classes se vidèrent subitement.

Faute d'élèves, les cours furent suspendus et la Faculté ferma ses portes.

Loin des regards inquisiteurs et du discours soporifique de ses maîtres, Nostradamus céda à la tentation de vérifier et de perfectionner ses propres méthodes en se frottant à la réalité pestueuse.

Il sella sa mule, glissa dans ses fontes son astrolabe, ses traités d'astrologie, ses manuels de médecine, son brevet de docteur, ses sacs de plantes rares, et se mit en route sur les traces de la grande épidémie.

La terrible maladie se répandait par tout le Comtat Venaissin et le jeune médecin décida de pratiquer son art auprès des plus atteints.

Il écrivit à son père les raisons de sa croisade :

« Ayant consommé la plus grande part de mes jeunes années en l'étude de la pharmacaitrie, fort des enseignements judicieux de mes deux honorés grands-pères, courant incessamment pour entendre et savoir la source et l'origine des plantes soignantes, je crois enfin pouvoir me rendre utile. »

Tout en atténuant au mieux les douleurs des malades, Nostradamus se mit en tête d'inventer un remède efficace contre la peste bubonique.

Dès l'aube, quand la nature était encore fraîche de rosée, il s'en allait par les champs aux abords des villes, cueillant des brassées de fleurs d'églantine qui allaient lui servir à la fabrication de son remède.

De retour chez lui, il en faisait sécher les pétales qu'il broyait dans un mortier de marbre.

Réduites en poudre, le médecin procédait ensuite au mélange suivant avec des proportions très précises :

Sciure de bois de cyprès   : une once (1)
Iris de Florence   : six onces
Clous de girofles concassés : trois onces
Lis des marais   : trois drachmes (2)
Lignis aloes   : six drachmes
Calami odorant   : deux drachmes.

Le tout, lié par la poudre de pétales de fleurs d'églantine.

Il fallait presser longuement cette préparation et avant qu'elle ne sèche, Nostradamus la découpait en forme de pastilles losanges baptisées : « pilules de roses ».

Le médecin administrait cette médication à ses patients en leur recommandant de la conserver le plus longtemps possible sous la langue sans l'avaler.

Contrairement aux autres médecins, Nostradamus refusait de pratiquer la saignée. Il préconisait de ne boire que de l'eau bouillie au préalable, de quitter la ville pour aller respirer l'air vivifiant de la campagne et de ne dormir que dans des draps propres.

Il prescrivait également un régime alimentaire débarrassé des graisses.

(1) Ancienne mesure de masse valant 30,594 grammes.
(2) Unité de poids de la Grèce ancienne valant 3,24 grammes.

Marcher beaucoup était aussi recommandé.

Le remède s'avéra miraculeux.

Et pourtant, en cette année 1523, il n'était pas aisé de soigner les atteints.

Il faisait si froid que les blés gelaient par toute la France.

L'épidémie s'étendit depuis Avignon jusqu'à Narbonne, Toulouse et Carcassonne.

Nostradamus suivait la contagion pas à pas.

Partout, il tentait de sauver des vies par sa science et son savoir.

Ravagé par le charbon, forme chronique de la peste bubonique qui laissait sur le corps des victimes d'affreuses pustules noires, le sud de la France ne fut plus bientôt qu'un immense territoire livré à la contagion provoquée par le bacille de Yercin.

Les maisons frappées par ce mal redoutable étaient désignées d'une croix tracée à la peinture blanche.

Au plus profond de leur désespérance, les malades virent arriver un médecin d'un genre nouveau.

Ce jeune carabin à la barbe noire et au teint fleuri, doté d'un corps bien charpenté et souple possédait des yeux clairs qui trahissaient une absence totale de peur lorsqu'il s'approchait des malades et une extraordinaire confiance en lui.

Il opérait jour et nuit contre la maladie, oignant les plaies de son remède magique.

A Carcassonne, il sauva de la mort certaine l'évêque Aménien de Fays qui voulut en faire son médecin personnel en lui assurant un avenir brodé d'or.

Nostradamus refusa avec grande diplomatie assurant au prélat que Dieu lui avait intimé l'ordre de soigner tous ses prochains.

Nostradamus poursuivit sa route avec la bénédiction de l'évêque.

Il n'y avait pas que dans les cités que la peste faisait des ravages.

A l'entour des villes, les malheureux que la maladie avait atteint attendaient la mort dans d'atroces douleurs. Ils avaient abandonné tout espoir de pouvoir à nouveau profiter de leurs biens.

Les animaux des fermes étaient abandonnés à leur sort et se mettaient à dévaster prés et champs pour se nourrir.

Les chiens se dévoraient entre eux.

Aux ravages de la peste venaient s'ajouter les méfaits de la rage.

Dans l'espoir d'échapper au charbon très contagieux, chacun fuyait les malades et évitait toute promiscuité avec des douteux, se refugiant dans une solitude effrayée.

Certains s'éloignaient même de leur propre famille en évitant femme et enfants, eux-mêmes s'évitant entre eux.

Impossible de trouver des volontaires pour porter secours aux pestiférés, de peur qu'ils avaient d'être contaminés.

En Avignon, les incurables pénétraient dans les maisons et, fort d'une impunité totale, ils pillaient les caves, s'enivraient, brisaient les biens devenus inutiles, violaient les femmes et les jeunes gens. Par ces dernières orgies d'avant trépas, ils assouvissaient de sombres phantasmes allant aux limites des délires de tous les sens.

La peste donnait lieu aussi au règlement de vieilles vengeances. Les gens de peu s'en prenaient aux bourgeois, les dévalisaient pour le plaisir, jetant leurs écus d'or dont ils n'avaient que faire dans le Rhône.

Mais c'est dans la licence sexuelle que les malades cherchaient leurs dernières ivresses.

« *In peste Venus, pestem provocat.* »

En temps de peste, Vénus appelle la peste.

A l'encontre de Nostradamus qui ne prenait nulle précaution pour ausculter et soigner les pestiférés, les médecins n'approchaient les contagieux que le corps recouvert de longues lévites de cuir dont la face interne était ointe d'huile de pépins de raisin pour éviter que les miasmes ne joignent la peau.

Ils se recouvraient également d'un masque de toile humidifiée qui ne laissait apparaître que les yeux.

Le nez, le cou étaient frottés de poudre odorante faite de poussière de fleurs séchées.

Les médecins, sur les conseils de Nostradamus, s'enfournaient dans la bouche une gousse d'ail bleu.

Les maisons où la peste s'était déclarée étaient arrosées de lie de vin et de vinaigre.

La médication la plus pratiquée par ceux qui ne voulaient pas appliquer les remèdes de Nostradamus consistait en saignées et clystères.

On accélérait le mûrissement des bubons par l'application d'une pâte molle faite de levain mouillé, agrémenté de figues mûres et d'oignons cuits.

Pour éviter au maximum les effets de la contagion, les cadavres étaient enterrés rapidement dans de grandes fosses communes dans lesquelles on tassait du fumier qu'on enfumait.

Il arrivait, dans la grande hâte motivée par la peur qu'on enterrât des presque morts...

Apprenant qu'à Bordeaux, Ulrich de Mayence avait mis au point un vaccin contre la peste composé de sang animal et de bactéries, Michel Nostradamus décida de revenir à la Faculté de Montpellier pour parfaire ses études de médecine.

CHAPITRE
5

Le 23 octobre 1529, la Faculté de Montpellier ouvrit à nouveau ses portes et Nostradamus fut un des premiers à réintégrer les classes.

Il retrouva avec plaisir sa chambre de la rue du Foin, réinstalla son matériel dans la cave et dès la première nuit il reprit le chemin de la « Rocaille de la Pitié ».

Grande fut sa déconvenue de ne pas y trouver les bohémiens de Zoltan.

Quelques romanichels restés là lui apprirent que le roi des gitans et les siens avaient quitté les bords du Lez pour aller bivouaquer en Estrémadure le long du Guadiana.

Autre déception, à la Faculté, son ami Rabelais n'était pas revenu. L'humoriste avait déserté les études pour s'installer près de Paris à la cure de Meudon où il continuait ses dérisoires efforts pour concilier culture savante et tradition populaire et parodique.

Michel de Notre-Dame choisit Antoine Romier comme patron et obtint rapidement son professorat par acclamation de ses pairs.

Le jeune élève avait répondu brillamment aux critiques adressées à ses procédés peu orthodoxes.

Ses succès plaidaient en faveur de ses théories.

Le Président de l'Université de Montpellier fut tant impressionné par son discours et ses méthodes qu'il lui décerna sans hésitation son bonnet carré et l'anneau d'or de sa nouvelle distinction.

Nostradamus se vit offrir un poste de professeur à l'Université.

Il accepta pour ne plus avoir à demander des subsides à ses parents. Il enseigna pendant trois ans.

Lassé des observations incessantes que lui valaient ses procédés pédagogiques, il refit son baluchon et reprit la route avec sa vieille mule.

Nostradamus se voulait un médecin exemplaire de son époque, à la fois clinicien, apothicaire et astrologue.

Clinicien, il apprit à la Faculté de Montpellier à déceler les maladies et l'art de les combattre.

En amphithéâtre à l'Université, il assista à des dissections de cadavres, s'intéressant à la chirurgie. Il apprit ainsi à évaluer et reconnaître la fonction des principaux organes du corps humain.

Durant sa vacation à la Faculté, il sollicitait des amis médecins pour les accompagner dans leurs visites aux malades et pour parfaire sa pratique médicale.

Pharmacologue de grande habileté, Nostradamus sut très vite préparer les mixtures soignantes. Il saura plus tard faire dériver ses recherches pour composer des recettes de fardement, des lotions pour soins dermatologiques, des poudres parfumées, des savons et pommades contre les sillons du temps.

Nanti de ses diplômes tout neufs, Nostradamus parcourut tout le sud de la France, soignant les malades, vendant sur des tréteaux de fortune sur les places de marchés, tout son bric-à-brac de fards, onguents, parfums de sa fabrication et filtres d'amour.

Il faisait son boniment comme les autres marchands ambulants mais il n'hésitait pas à employer ses produits comme exemple devant les clients éventuels.

Pour ajouter à ses dires, il choisissait dans l'assistance qui l'écoutait vanter ses inventions « introuvables ailleurs », une fille déshéritée de beauté.

Il l'installait sur son estrade pour que chacun puisse bien voir et, à l'aide de ses fards, il lui enjolivait la face, plus satisfait de voir la gamine s'en aller heureuse que d'avoir vendu ses produits.

A Toulouse, séduit par le rose des toits et la majesté calme des bords de la Garonne, il décida de faire plus longue étape.

Il remisa ses marchandises, confia sa mule à un forgeron qui tenait écurie et alla s'installer à l'Auberge des Blasons gérée par un Espagnol du nom de Marsiglio à l'ombre de la flèche de la basilique Saint-Sernin.

L'environnement émettait des ondes qui lui semblaient favorables et il souhaita rester chez Maître Marsiglio quelque temps.

Il implora son aubergiste de le laisser occuper une partie de sa cave pour y installer son laboratoire d'alchimie.

Heureux d'avoir un savant chez lui, le brave homme accepta.

Fin gourmet, l'homme de science décida de parfaire sa recette de gelée de coings élaborée à Montpellier, ce qui lui valut les félicitations de son aubergiste et les louanges du Très Saint Légat du pape en Avignon.

Le Saint homme de passage à Toulouse rencontra Nostradamus à la basilique où il avait établi résidence.

Souffrant d'un bénin mal de poitrine, le Légat fit appeler le jeune médecin dont tout le quartier vantait les mérites.

Nostradamus soulagea immédiatement le malade par l'application de quelques onguents.

Pour le réconforter après sa maladie, le carabin remit au Légat du pape une jarrette de sa gelée de coings. Le prélat gourmand en redemanda avant de repartir pour Avignon, tant elle était délectable.

Reconnu comme un astrologue hors du commun, riches et puissants du sud de la Loire vinrent cogner à sa porte pour lui demander de dévoiler leur avenir.

Les fort belles dames de Garonne se rendaient à l' « Auberge des Blasons » pour le consulter et obtenir de lui des recettes de beauté. Elles le payaient en bon or et très souvent en nature. Ce que Nostradamus acceptait lorsqu'elles répondaient aux canons de la beauté comme il les entendait.

C'est à Toulouse que Nostradamus rédigea son très recherché « Traité des Fardements ».

La première édition portait le titre de « Traité des Fardements et Confitures nouvellement composés par Maistre Michel de Nostre-Dame, Docteur en Médecine de la Ville de Salon-de-Crau en Provence. »

La première partie de l'opuscule comprenait des recettes de fards et de parfums.

La seconde, précédée d'un avant-propos spécial avec dédicace à son frère Jean, était consacrée aux confitures.

La plupart des formules en étaient généralement savoureuses et amusantes dans leur vétusté.

Pour le « blanchissement de la face » et la « conservation du corps en entier » Nostradamus conseillait le sublimé (1).

« Il faut en prendre le poids de dix onces, le pulvériser subtilement, le mélanger à la salive d'une personne à jeun qui aura demeuré trois jours à manger aulx et oignons sans verjus et en le broyant incessamment.

Quand il sera bien trituré, lavé et dissout en eau de fontaine et non point de pays, vous le mettrez dans un petit tupin de terre et le ferez bouillir sur des charbons, le temps de dire deux patenostres et deux Ave Maria. »

(1) Chlorure mercurique.

Aux femmes, que Nostradamus appelait « la plus gracieuse partie du genre humain », il entendait réserver les fruits de sa longue expérience. Pour elles, ces formules de « savon-muscat », de « lait virginal ». Pour elles, ces recettes à faire venir les cheveux blonds comme filets d'or ; ce nacre de fine poudre pour embellir la face ; ce beau secret pour « oster lentilles du visaige » ; cette huile de senteur, victorieuse de la stérilité ; cette recette de Médée qui change la couleur du poil en le touchant et triomphe de la suffocation de matrice. Il suffisait d'en mettre un peu dans les narines (1).

La deuxième partie du traité contenait surtout quelques recettes de confitures.

On les ignorait généralement alors, mais Nostradamus qui avait beaucoup appris en cheminant, savait les mettre au service de la thérapeutique, car les égrotants d'alors répugnaient aux drogues d'amertume.

Une de ces recettes devint fort prisée tant elle surprenait par son originalité.

« Pour confire l'écorce de buglosse que les Espagnols nomment " lingua bovina " (langue de bœuf), confiture cordiale qui vous préserve de devenir hérétique ou hydropique, qui vous tient joyeux et allègre, chasse toute mélancolie, rajeunit l'homme, retarde la vieillesse, fait bonne couleur au visage, entretient l'homme en santé, préserve l'homme cholérique. »

Les recettes de Nostradamus ne paraissaient pas trop bizarres et ne réclamaient ni les graisses de pendus, ni les poudres de serpents, ni les bouillons de crapauds des sorcières « macbethines ». Il s'agissait souvent de bons remèdes réalisables, à base d'honnêtes plantes comme de braves sels minéraux. Et, bien qu'il fût parfois un peu cocasse, le bon docteur Nostradamus, savant ès herbes de montagnes était en avance sur son temps.

(1) Docteur Edgar Leroy : « Nostradamus : Origines, Vie et Œuvres ». (1972).

*
**

En Languedoc, en Roussillon, en Provence et en Garonne, Nostradamus avait tissé un réseau d'hommes de l'art qu'il estimait dignes de respect et issus comme lui de familles juives converties.

Avec eux, il avait constitué une trame clandestine d'alchimistes et de kabbalistes en quête de réponses aux mystères de l'univers par-delà les absolus prêchés dans le monde chrétien.

Il se mit à entretenir un commerce littéraire des plus sympathiques avec César de l'Escalle plus connu sous le nom latin de Scaliger.

A cette époque, Scaliger jouissait d'une réputation égale à celle d'Érasme, le célèbre humaniste hollandais, et était considéré comme un des plus grands savants et philosophes de ce temps. Comme Érasme, Scaliger avait l'esprit socratique et satirique. Comme l'auteur de « l'Éloge de la Folie », il cherchait à définir un humanisme chrétien à la lumière de travaux sur le Nouveau Testament.

Nostradamus l'appelait Julius Caesar Scaliger et considérait cet homme savant et docte comme le meilleur disciple du philosophe platonique Marsile Ficin (1).

« Bref... ! écrivait le médecin en parlant de son nouvel ami, c'est un personnage incomparable, sinon à un Plutarque ! »

Scaliger invita Nostradamus à venir le retrouver à Agen pour « échanger d'intelligence quelques propos philosophiques ».

Nostradamus accepta et vint s'installer en Agenais près de Scaliger.

Le pamphlétaire avait passé depuis peu le cap de la cinquantaine et venait d'épouser une jeunesse de seize ans : Audiette de Roque-Lobejac.

(1) Il fut le fondateur à Florence de l'Académie platonicienne.

Il conseillait régulièrement à Nostradamus de l'imiter, trouvant dans le mariage bien des attraits.

Pour l'heure, le médecin de Saint-Rémy était sous le charme des paysages de l'Agenais et de leur lumière céleste, rare dans sa beauté.

Il fut bien vite reconnu comme médecin-astrologue et ses méthodes peu orthodoxes mais efficaces et ses dons de prophète le rendirent célèbre dans toute la région.

Les notables de la ville, heureux d'avoir parmi eux un pamphlétaire à la plume acérée comme Scaliger et un médecin à la si grande renommée comme Nostradamus, voulurent les couvrir de cadeaux.

Les deux hommes refusèrent tout présent et conseillèrent à leurs admirateurs de porter leurs cadeaux aux malades, aux infirmes et aux nécessiteux de la ville.

Cette attitude mit les Agenais en grande joie.

Les gens sortaient de leur maison. Les bras se tendaient pour enlever les héros de leur monture et les embrasser.

Les meilleures familles de la province invoquaient toutes les maladies possibles pour envoyer leurs filles à marier chez le réputé médecin célibataire.

Au cours d'une fête locale devant la cathédrale romane d'Agen, une jeune fille native de Perpignan, Anne de Cabrejas, proposa à Nostradamus d'essayer avec elle son filtre d'amour.

En plaisantant, le médecin lui répondit que la chose était faisable si elle acceptait de l'épouser.

La jolie fille releva le défi et Nostradamus unit son sort à celui d'Anne en 1535.

Pendant près de trois ans, Nostradamus mena une vie sans problème.

Il passait ses journées chez Scaliger entouré des plus éminents savants de la région. Ensemble, ils étudiaient le nouveau calendrier grégorien imposé par le pape Grégoire XIII. Les nuits du médecin-astrologue étaient plongées dans la félicité d'un amour sans faille.

Anne lui donna vite un garçon puis une fille.

Parmi les familiers de la maison Scaliger, Nostradamus se lia d'amitié avec le professeur Philibert de Sarrazin qui comptait dans les rangs de ses élèves, tous les fils de notables de la ville.

Sarrazin était huguenot et ne s'en défendait guère.

Le mécréant sentait le fagot dans toute la région et ses fréquentes rencontres avec Nostradamus rendirent ce dernier suspect à la Sainte Inquisition.

Un envoyé du grand Inquisiteur de Toulouse vint enquêter sur les doctrines, vie et mœurs de Sarrazin.

Scaliger prit mal la chose et couvrit d'opprobres véhéments l'homme de la mauvaise justice.

Nostradamus, soupçonné d'intelligence avec le huguenot et de pacte avec le diable, jugea opportun de partir pour Bordeaux et La Rochelle.

D'autant qu'une vieille histoire pourtant bien anodine refaisait brusquement surface.

Quelque temps auparavant, en visite chez un fondeur de bronze, Nostradamus avait jugé « laide comme un démon » une statuette de la vierge que l'artisan était occupé à mouler.

Évoquer le diable à propos de cette moulure malhabile avait exacerbé ceux qui n'appréciaient pas l'humour du mage provençal. Le mouleur signala aux autorités religieuses le commentaire irrévérencieux de Nostradamus.

Accusé d'hérétisme, le mage fut cité à comparaître en audience préliminaire devant le tribunal d'Inquisition d'Agen.

Pour sa défense, il affirma que son commentaire se voulait ironique face à une œuvre aussi dénuée de beauté.

Pas du tout convaincus mais impressionnés par la personnalité de l'accusé, les membres du tribunal exigèrent que Nostradamus comparaisse devant les autorités supérieures du grand tribunal d'Inquisition de Toulouse.

Dès la nuit venue, Nostradamus prenait la route de Bordeaux, peu enclin à affronter ceux qui l'accusaient d'hérésie.

En Guyenne, il s'aboucha avec les savants du cru : l'apothicaire Léonard Baudon, Johannés Terraga, Carolus Seninus et l'avocat Jean Treilles.

Ce dernier le convia à passer quelque temps dans son castelet d'Argenton.

Durant son court séjour sur les bords de la Creuse il se produisit un bien curieux incident.

Le maître-charpentier Pitard tomba un jour du toit de la sacristie de l'église et fut laissé pour mort.

Le corps du malheureux fut transporté par le curé Jullian sur la grande table de bois de la cure.

Le prêtre n'avait pas eu le temps d'administrer à la victime les derniers sacrements avant qu'il ne passe de vie à trépas.

Après la prière, Nostradamus, venu en curieux, pria pleureuses et familiers du charpentier de quitter l'église et de le laisser seul avec le mort.

Moins d'une heure plus tard, Nostradamus sortait de l'église tenant le brave Pitard sous les aisselles.

Nul ne sut jamais comment le médecin-astrologue avait ressuscité le charpentier, mais celui-ci, fou de reconnaissance de se retrouver en vie, décida de sculpter dans un tronc de hêtre le buste de son sauveur et alla le placer sur le clocher de l'église en lieu et place de la Sainte Croix.

A Narbonne, Hermann Raban, un juif kabbaliste qui habitait une haute tour en bordure de la Robine, décela chez Nostradamus un don évident pour l'astrologie lointaine.

Il l'aida à perfectionner sa connaissance de la carte zodiacale du ciel et à affiner ses dons pour la compréhension du déterminisme astral et pour le traduire en termes de destinée humaine.

Avec Raban, Nostradamus apprit à interpréter les correspondances qui relient le ciel et les êtres humains. Il fut convaincu très vite de l'unité de la vie.

Lorsqu'il revint à Agen en 1538, une nouvelle épidémie de peste venait de s'abattre sur la région.

Les roues des tombereaux transportant les corps des victimes cahotaient sur les pavés disjoints des ruelles dans un bruit de glas.

Nostradamus se lança à corps perdu dans cette nouvelle bataille contre la mort avec l'énergie d'antan.

Il était tout à sa tâche sans se rendre compte que le terrible fléau rôdait à l'entour des siens.

Un soir qu'il rentrait de l'évêché où il s'était dévoué corps et âme pour arracher au charbon les centaines de malheureux allongés à même le sol dans le prétoire, il trouva sa femme Anne et ses deux enfants brûlants de fièvre, le visage dévoré par les hideuses pustules de la peste.

En dépit de tous ses efforts, la maladie demeura la plus forte.

Les mains du praticien qui avaient arraché à la mort des milliers d'êtres inconnus, restèrent impuissantes à sauver la vie des siens.

Poursuivi dans ses malheurs, Nostradamus dut alors soutenir un procès contre le sieur de Cabrejas, son beau-père qui lui réclamait la restitution de la dot amenée par sa fille Anne lors de leur mariage.

CHAPITRE
6

A la suite d'une effroyable crise d'épilepsie, Nostradamus établit ses premières « Centuries ».

Craignant que ses prophéties ne tombent entre des mains malveillantes et qu'elles ne le fassent convaincre de sorcellerie, Nostradamus rédigea ses premiers quatrains en les écrivant de droite à gauche, contraignant le lecteur éventuel à déchiffrer son écriture par transparence ou à l'aide d'un miroir.

Il composait ses phrases d'un subtil mélange de latin, d'hébreu, d'italien et de provençal, et pour corser la difficulté de compréhension, il utilisait un code.

Lorsque ses prophéties étaient redressées, traduites en français et décryptées, elles pouvaient encore donner lieu à plusieurs interprétations mystérieuses.

Il est évident que Nostradamus a volontairement noyé ses prophéties dans un inextricable labyrinthe philologique et dans un brouillard d'explications astrologiques nébuleuses, car s'il avait rédigé en lecture claire ses visions de l'avenir, celles-ci auraient été détruites par les autorités religieuses de l'époque avant qu'elles ne parviennent à la postérité.

L'idée de publier des prognostications était dans l'air depuis une centaine d'années.

Le premier calendrier de présages imprimé datant de 1457 a été découvert dans les archives de la bibliothèque de Mayence en 1804.

En 1529, parurent les premiers « Grands Kalendiers et Compost des Bergiers avec leur Astrologie et plusieurs autres choses ».

A la même époque, furent réimprimés les « Éphémérides perpétuelles de l'air » ou « l'Astrologie des Rustiques » qui donnaient « un chacun jour, par signes très familiers, vraie et assurée connaissance de tout changement de temps en quelque pays ou contrée qu'on soit... »

Sans oublier en 1533, la « Pantagrueline prognostication d'Alcofribas Architriclin de Pantagruel » de l'éternel ami Rabelais.

En 1551, Régnaud Chaudière publiait à son tour : « Les Canons et Documents très amples touchant l'Usage et Pratique des communs Almanachs ».

Régnaud publia également une « Suite d'Éphémérides » accompagnée d'un traité d'Alcabice touchant les « Connaissances en chacun des douze Signes de la Révolution des années ».

En publiant ses prophéties sous le titre de « Centuries », Nostradamus ne faisait que suivre la mode de son temps (1).

Les prognostications du mage provençal devinrent très vite un immense succès.

Envieux, Scaliger se mit fort en colère et dans un pamphlet rageur rédigé en latin il laissa transparaître sa rancœur :

« France crédule — écrivait-il, qu'attends-tu suspendue aux mots de Nostradamus ? Quel maléfice juif empêche ta colère ? Souffrirais-tu que le « crime » ridiculise ton sceptre illustre ? N'as-tu pas compris que cet « immonde coquin » ne profère que des sottises ? On se demande à la fin qui est le plus sot,

---

(1) Docteur Edgar Leroy : « Nostradamus : Origines, Vie et Œuvres. »

de ce charlatan malfaiteur ou de toi qui favorise son imposture ? »

Ulcéré par tant de méchanceté et toujours poursuivi par le tribunal de l'Inquisition, Nostradamus quitta Agen pour parcourir la France, l'Italie et l'Allemagne.

Ces pérégrinations durèrent six ans et tout au long de son périple, le mage de Provence se livra à quelques prophéties devenues célèbres dans la légende dorée nostradamique.

De passage à Saint-Bonnet-en-Champsaur dans les Alpes, une dame de ces lieux venait d'accoucher d'un fils après mille douleurs.

Le père demanda à Nostradamus qu'il avait croisé à la cure du village si cet enfant tant attendu allait vivre bien.

— Rassure-toi l'ami. Ton fils va vivre bien et haut. Et ce garçon deviendra un grand du royaume.

L'enfant s'appelait François de Bonne des Diguières. En 1608, le roi Henri IV devait le faire maréchal de France. En 1612 la régente le fit duc et Louis XIII le nomma grand Connétable en 1622...

Près de la charmante ville d'Ancône, blottie dans un écrin de hauts cyprès, tout près de l'Adriatique, Nostradamus croisa sur un chemin écrasé de soleil, quelques moines franciscains crottés et sales.

Il s'écarta pour les laisser passer et soudain, il se jeta aux pieds de celui qui semblait le plus misérable.

Les moines fort ébaudis, manifestèrent leur grand étonnement.

— Pourquoi vous agenouillez-vous avec tant de ferveur aux pieds de frère Felice ? demanda celui qui menait la marche et les chants. Il n'est des nôtres que depuis hier et nous l'avons tiré de sa porcherie par sainte action.

Le prophète solitaire expliqua simplement qu'il était normal qu'un bon chrétien se soumette et s'agenouille devant Sa Sainteté.

Les moines crurent à une plaisanterie.

Plus tard, Frère Felice Peretti, le porcher misérable, devint vicaire général de son ordre puis, évêque de Sant'Agata de Goti et enfin cardinal en 1570 avant de devenir pape sous le nom de Sixte Quint en 1585 soit vingt ans après la mort de Nostradamus.

A Fains-Véel près de Bar-le-Duc, au château ou Monsieur de Florainville l'avait appelé pour traiter sa mère souffrante du ventre, Nostradamus s'acquitta rapidement de sa tâche par simple application des mains.

Madame de Florainville, soulagée, pria son fils de retenir le bon médecin pour la journée.

Le châtelain accepta avec un plaisir évident, le prophète se montrant de très agréable commerce.

Se promenant le long de la basse-cour de son château en compagnie du prophète, le maître des lieux aperçut deux petits cochons de lait qui gambadaient. L'un était blanc, l'autre noir. Ayant demandé par récréation ce qui allait advenir de ces deux petites bêtes, Nostradamus répondit que sans aucun doute ils allaient manger le noir et que le loup allait se régaler du second, le blanc.

Florainville, pour le seul plaisir de faire mentir son hôte, commanda secrètement à son cuisinier de tuer le petit porcelet blanc et de le servir le soir à table.

Obéissant, le fidèle serviteur tua le petit cochon blanc, le para puis l'embrocha pour être rôti quand l'heure serait venue.

Le cuisinier ayant dû s'absenter un instant, un louveteau que les jeunes marmitons nourrissaient pour l'apprivoiser, entra dans la cuisine s'empara du cochon blanc et le dévora.

Stupeur et effarement du cuisinier dès qu'il retrouva ses fourneaux et ses broches.

Craignant de se faire crier par son maître, il se saisit du petit cochon noir, le tua et l'apprêta pour le présenter au souper.

Monsieur de Florainville, sûr de son espièglerie, fit remarquer ironiquement à Nostradamus, que contrairement à ses dires, ce n'était pas le petit cochon noir qu'ils dégustaient, mais le petit cochon blanc.

— Ne croyez pas cela, Monsieur. Ce délicieux porcelet est bien le petit cochon noir que j'avais prévu. L'autre, le malheureux cochon blanc a fait le régal d'un loup.

Devant tant d'assurance, Monsieur de Florainville fit venir le cuisinier. Il le pria d'aller chercher le petit cochon noir et le montrer pour preuve à son hôte.

Le cuisinier, troublé, dut raconter sa mésaventure.

Nostradamus demanda au châtelain de ne pas administrer au malheureux les douze coups de bâton promis.

— Je suis seul responsable. J'avais fait cette petite prophétie. Il fallait bien que par mutinerie, elle se réalisât.

Au cours de ce même dîner auquel étaient conviés quelques nobles d'alentour, Nostradamus révéla aux invités de Monsieur de Florainville que dans la montagne qui dressait ses premiers contreforts derrière le château, se cachait un trésor qui ne serait jamais découvert quand, à dessein, on le chercherait, mais qu'il serait mis à jour lorsque, pour une autre raison on allait creuser.

Dès le lendemain, les convives du châtelain accompagnèrent leurs gens pour qu'ils creusent à la recherche du trésor. Tous les efforts demeurèrent vains. Mais quelques années plus tard, des paysans qui voulaient planter de la vigne sur les flancs des coteaux et qui creusaient leurs sillons, découvrirent les vestiges d'un temple superbe et mirent à jour sous le pic et la bêche quelques pièces d'or d'antiquité.

L'itinéraire du prophète provençal le mena en Arles où il s'attarda à l'étude des nécropoles des Alyscamps et à l'admiration des grands flamants roses qui frôlaient de leurs ailes les eaux calmes du Vaccarès.

Peu de souvenirs de son passage à Valence-des-Allobroges,

mis à part cette rencontre avec une vieille fileuse de laine qui ne pouvait plus œuvrer tant ses doigts étaient devenus noueux et gourds. Longtemps, Nostradamus massa les mains de la vieille qui retrouvèrent grande partie de leur élasticité et la possibilité de manier à nouveau le rouet.

S'étant arrêté pour prendre quelque repos sur les bords de l'Isère, il vit s'approcher du rivage une barque dans laquelle deux hommes semblaient discourir de choses importantes si l'on en pouvait croire les grands gestes qu'ils faisaient.

— Ceux-là, ne sont sûrement pas gens d'indifférence pensa Nostradamus.

Et il eut envie de les connaître, certain que cette rencontre allait être enrichissante.

Il se présenta à eux. Le premier à descendre de la barque éclata de rire.

— Nous étions en train de parler de vous...

Les deux hommes étaient maîtres en philosophie et s'appelaient Jerôme de Monteux et François Mari.

Dans son « Traité des Fardements et Confitures » Nostradamus s'étend sur cette rencontre avec des célébrités qui l'honorèrent de leur amitié :

« Je vis d'aucuns personnages dignes d'une suprême collaudation dont l'un estoit Hiéronymus homme digne de louanges et Franciscus Marius, jeune homme d'une espectative de bonne foy. »

Des rencontres qu'il fit à Vienne et qu'il mentionne dans ce même traité, Nostradamus retient particulièrement les moments passés avec un grand humaniste :

« Devers nous, n'avons que Franciscus Valeriola pour sa singulière humanité, pour son sçavoir prompt et mémoire tenacissime.

... Je ne sçays si le soleil à trente lieues à la ronde voit ung homme plus plein de sçavoir que lui... »

Nostradamus, toujours affourché sur sa vieille mule poursuivit ses pérégrinations vers l'est de la France.

Après avoir fait bombance à l' « Auberge du Manoir » dans le calme bourg médiéval fortifié de Pérouges et fait paître sa mule dans un pré à vaches du coteau, le mage de Provence reprit sa route.

Le soleil de juillet chauffait à blanc pierres et gens. Après avoir trempé son large mouchoir dans l'eau fraîche d'une fontaine, Nostradamus le noua entre les oreilles de sa vieille monture pour la protéger d'une insolation.

Plus au nord longeant les chemins des scieurs de bois, une petite forêt de pins était la proie du feu. Les branches sèches crépitaient et lançaient des flammèches partout à l'entour. Malgré la chaleur incommodante, Nostradamus s'avança au plus près.

Des paysans par groupes se dirigeaient rapidement vers une masure faite de rondins nichée entre les hauts arbres et que les flammes léchaient déjà.

Les hommes tentaient d'endiguer l'incendie en faisant la chaîne entre la rivière Reyssouze et la maison en feu à l'aide de seaux et de tonnelets.

Les femmes tenaient à l'écart avec grande difficulté une malheureuse qui hurlait de désespoir. Les deux bébés-jumeaux de la démente étaient restés dans la maison où nul ne pouvait plus pénétrer. Malgré les efforts de tous, le toit de chaume allait s'effondrer.

Nostradamus descendit de sa mule, trempa sa cape dans un seau plein d'eau et la remit sur ses épaules.

Sans la moindre hésitation, le mage se dirigea vers la porte de la maison malgré les cris des paysans qui l'adjuraient de se reculer.

Nostradamus, d'un pas ferme, passa à travers les flammes et pénétra dans la maison en feu.

Les spectateurs incrédules observaient un silence angoissé.

Quelques instants plus tard, le mage ressortit de la maison, la cape fumante et tenant un bébé dans chaque bras.

Il se dirigea vers la femme en pleurs et lui tendit ses deux précieux fardeaux.

— Voici vos enfants, Madame. Ils ne se sont pas même éveillés...

Dans un grand fracas, le reste de la maison s'effondra.

Laissant les femmes toutes à leur joie et les hommes pétrifiés de stupéfaction d'avoir assisté à un miracle, Nostradamus descendit jusqu'à la rive de la Reyssouze pour faire boire sa mule et se rafraîchir la face.

Alors qu'il reprenait quelques forces sur le sable de la grève, le mage vit s'avancer vers lui la mère des deux enfants sauvés.

— Je n'ai même pas pensé à vous remercier Monsieur, lui confia-t-elle d'une voix tremblante. Et pourtant, mes fils sont en vie grâce à vous.

La brune intimidée était appétissante. Belle de visage, fine de taille et ronde d'agréables formes. Son corsage dénoué à demi laissait apparaître une poitrine rebondie à souhait.

— Je suis jeune veuve d'un bûcheron écrasé par des rondins que charriait la rivière. Mes jumeaux sont toute ma famille et ma raison d'être. Sans votre intervention il ne me restait qu'à aller les rejoindre dans les flammes. Comment m'acquitter d'une telle dette envers vous ? Tout ce que je peux vous offrir, c'est ça... et c'est de grand cœur...

Tout en parlant, la belle avait dénoué le cordon de son corsage et s'était agenouillée près, tout près de Nostradamus.

Le cadeau était sans défauts et de grande qualité.

Le mage se souvint qu'il était un homme.

Il se refusa à faire à la belle l'affront d'un « non » frustrant pour les deux, et il n'eut pas à le regretter.

La brune était veuve depuis peu, mais visiblement, l'abstinence lui pesait et elle demeura plusieurs heures près de son sauveur pour pouvoir s'en soulager.

*
**

En janvier 1544, Nostradamus revint à Marseille.

La prospère Massalia l'attirait et représentait à ses yeux, le point de départ d'une invraisemblable kyrielle de rêves qui devaient prendre corps dans les pays les plus lointains.

Tous les bateaux qui hissaient leurs voiles en quittant le port de la vieille cité phocéenne et qui partaient courir aux quatre coins du monde étaient des traits d'union entre ses phantasmes et les mirages de l'ailleurs.

Les bâtiments qui venaient accoster après un très long voyage débarquaient des êtres à la peau bistrée, noire ou cuivrée, des petits hommes aux yeux bridés, des nègres édentés aux épaules luisantes de soleil ; tous pleins d'histoires extraordinaires qu'ils rapportaient dans des idiomes impurs et bizarres.

Nostradamus aimait se frotter à ces porteurs de civilisations inconnues.

De ces bateaux, les faquins sortaient des caisses de produits exotiques venus des Indes ou d'Afrique.

C'est sur le port de Marseille que Nostradamus découvrit les fruits les plus étranges à ses yeux : les bananes, les ananas, les oranges, les dattes. Il put toucher les soieries les plus douces venues d'Asie.

Il avait trouvé à se loger chez un ancien élève de la Faculté de Montpellier à deux pas de l'Hospice de la Charité.

Nostradamus avait retrouvé cet ancien camarade de classe près d'un vieux bâteau arrivé d'Orient à bord duquel s'était déclarée une épidémie de mal d'Afrique.

L'affection était de nature inconnue de nos médecins et la contrer était impossible. Lorsque Nostradamus proposa de tenter sur les malades une thérapeutique à base de plantes, l'accès au bateau lui fut interdit, les victimes du mal d'Afrique ayant succombé.

L' « hypocrate » rencontré à l'échelle de coupée du bateau contaminé arrivé des Indes avec son équipage décimé par la maladie, s'appelait Louis Serre.

Le Marseillais offrit immédiatement l'hospitalité à son confrère Nostradamus.

Ensemble, ils entreprirent de parfaire leurs connaissances en matière de traitement contre la peste.

Au dernier jour du mois de mai, Nostradamus fut appelé par ses confrères d'Aix-en-Provence réunis en corps de communauté pour venir dans leur ville traiter les malades de la contagion dont la cité était affligée.

La grande peste venait de se déclarer.

Aix-en-Provence était un véritable cauchemar.

Des quartiers entiers, autour de l'Archevêché, près de la cathédrale Saint-Sauveur, étaient abandonnés aux cadavres. L'odeur pestilentielle des corps en décomposition empuantait l'air.

A peine arrivé, Nostradamus refusa de s'abandonner au désespoir. Il était stupéfait par l'étendue du désastre.

La cité semblait tout à coup deshabitée de vivants.

Les rues où soufflait la brafougne par rafales étaient désertes d'âmes.

Les malheureux atteints par la fureur de l'épidémie chassaient incontinent tout espérance de vie.

Les belles maisons des avenues et des cours étaient abandonnées comme les masures des quartiers du bas. Hommes, femmes, enfants en état de se mouvoir avaient fui vers les collines.

Le palais restait clos. La justice restait muette.

Thémis absente et sans voix, les portefaix et les fossoyeurs déserteurs, la ville n'existait plus.

Tout habitué qu'il fût de la pestilence, il arrivait à Nostradamus de ne pouvoir supporter les odeurs nauséabondes qui envahissaient la cité.

Il était presque impossible de trouver en ville des cabinets d'aisance. Les Aixois faisaient leurs besoins sur les terrasses des maisons et jetaient leurs ordures aux corbeaux qui fondaient, bec acéré sur tout ce qui se putréfiait.

A la moindre pluie, toutes les saletés étaient entraînées vers les rues basses où il faisait malsain cheminer. C'est à cette maudite époque qu'est née l'expression : « A Aix, il pleut comme merde. »

La grande peste de Provence dura neuf mois et pendant cette longue période Nostradamus tenta de sauver le plus de malades possible.

Les cimetières étaient si pleins de corps morts que l'on ne savait plus en quel lieu sacré les enterrer.

Dans une lettre écrite à son grand-père paternel Pierre de Notre-Dame, Nostradamus décrivait l'horrible : « *La plus grande part tomboyent en phrénésie dès le second jour. Ceux auquels la phrénésie venoit, les taches noires ne venoyent point et à ceux à qui les taches venoyent, mouroyent subitement. Après la mort, toute personne estoist couverte de taches sombres. La contagion estoist si violente et si maligne que seulement si l'on s'approchait cinq pas près d'un qui fut pestiféré, tous ceux qui se faisoyent, estoyent blesséz et plusieurs avoient charbon devant et derrière et ne vivoient que six jours. Les saignées, les médicamens cordiaux n'étoyent pas efficaces. Quand on avoyent faict la visitation par toute la cité et jeté hors les pestiférés, le lendemain y en avoit plus qu'auparavant.* »

Dans toute la ville, la mort était si subite que bien des malheureux, entachés de peste se jetaient dans les puits.

D'autres se précipitaient de leur fenêtre.

Certains qui avaient le charbon derrière l'épaule et devant la mamelle étaient pris de saignements de nez qui duraient plusieurs jours jusqu'à ce qu'ils en meurent.

Dans son recueil d'épigrammes « Orus Apollo », Nostradamus concluait le chapitre sur la grande peste en écrivant :

« A brief parler, la désolation estoit si grande qu'avec l'or et l'argent à la main souventes fois, mourayt-on faute d'un verre d'eau. »

Parmi les choses admirables que Nostradamus put voir à Aix-en-Provence pendant la grande peste, celle-ci lui resta longtemps en mémoire :

Une jeune femme à sa fenêtre appelait désespérément à l'aide.

Elle était nue, couverte de pustules et de taches sombres.

Seule, tout en criant, elle se cousait sur le corps un linceul fait dans un drap blanc en commençant par les pieds. Les alarbies (1) arrivèrent trop tard. Ils trouvèrent la femme morte, couchée au milieu de la pièce, serrée dans son suaire fermé jusqu'au cou. Elle tenait encore l'aiguille à la main.

Lorsque Nostradamus quitta Aix-en-Provence complètement exténué et décidé à aller prendre quelque repos chez lui à Saint-Rémy, une femme s'accrocha à sa cape :

— Maître ! Si vous partez, qui guérira nos enfants, nos petits-enfants ?

Le médecin lui répondit « qu'un jour, un saint homme de science, un bon Pasteur viendrait laver les corps de la peste à tout jamais. »

Le grand pionnier de la microbiologie que citait Nostradamus ne devait naître que plusieurs siècles plus tard. Il s'appelait Louis Pasteur.

_____

(1) Ramasseurs bénévoles de malades.

CHAPITRE
7

En s'approchant de la grande mare du Vaccarès, Nostradamus croisa des caravanes de bohémiens qui descendaient vers la mer.

Les roulottes étaient poussiéreuses, les chevaux exténués. Hommes et bêtes semblaient venir de loin.

Une vieille couverte d'or le renseigna.

Ils allaient comme tous les ans en procession aux Saintes-Maries-de-la-Mer.

— Tous les gitans du monde se retrouvent là, lui lança la vieille avant de s'éloigner.

Nostradamus eut envie de se joindre à eux avec le secret espoir de retrouver ses bons amis de la tribu du roi Zoltan à la grande fête gitane.

Il regarda passer les tziganes venus du bord des mers intérieures, des romani descendus de Bohème, des gipsies d'Andalousie, des camps-volants, des nomades, des zingari de la basse Italie, et tous ces gitans qui ne formaient qu'un immense royaume, Nostradamus se mit à les suivre.

C'est avec un évident plaisir qu'il retrouva la belle Nunzia qu'il avait, naguère, arrachée au ténébreux Alonzo.

Le roi Zoltan paralysé de vieillesse, l'avait reçu dans sa roulotte tendue de soieries d'or et d'argent comme on reçoit un fils revenu au bercail.

Le dimanche matin, dès le lever du soleil, la grand'messe des gitans poussa tous les tizganes vers la mer derrière la croix de bois portée par un vieux moine.

Vêtus de leurs costumes aux couleurs vives, brocardés et enrubannés, jeunes et vieux s'avançaient dans les vagues pour se purifier et être bénis.

Le spectacle, à la fois religieux et païen, enthousiasma Nostradamus et jeta au plus pur de sa conscience théologienne une fantasmagorie de mystères.

Lorsque le soleil ne fut plus qu'une boule de sang à l'horizon et que les grands flamants roses prirent leur envol pour l'au-delà du Vaccarès, les feux s'allumèrent au milieu des roulottes bariolées rangées en carré.

Chants et danses commencèrent après ripailles.

Nunzia avait mis ses plus fins atours et tenait les mains de Nostradamus serrées entre les siennes.

— Je t'ai attendu, tu sais. Je suis comme tu m'as laissée. Zoltan aurait tué de sa dague celui qui aurait osé m'approcher.

— Je ne puis en dire autant, répondit en souriant le prophète.

Nunzia se mordit la lèvre :

— Je n'en demande pas tant.

Elle se leva soudain, riante :

— Cette nuit, je vais danser pour toi et les étoiles.

Elle se lança au milieu d'un groupe de jeunes danseuses qui virevoltaient au son des instruments à cordes, des tambourins et des claquements de mains.

C'est au plus chaud de la fête éclairée par un plein clair de lune qu'un groupe d'une vingtaine de malandrins sales et hirsutes venus de la plaine, les effets déchirés et les bottes délabrées, montés sur de petits chevaux blancs, foncèrent vers les danseuses.

Ivres d'alcool et assoiffés de violence, les ruffians fondirent sur les malheureuses affolées.

L'effet de surprise avait été total.

Les soudards tentaient d'attraper les filles sous les aisselles ou par leurs longs cheveux pour les jeter en travers de leur selle et les emporter vers la pinède.

Les petits chevaux nerveux bondissaient par-dessus les feux de camp.

Surpris, les gitans ne réagirent pas tout de suite. Seul, Flavio, un zingaro grand et fort aux yeux injectés de fiel, eut le réflexe de lancer son couteau.

La lame vint se planter dans la poitrine d'un des ladres à l'instant où il tirait à lui par les cheveux une jeune danseuse.

Le truand tomba de cheval, frappé à mort.

Un gitan put attraper l'étalon du reître par la lanière qui lui servait de bride.

Lorsque le bruit de la galopade se fut éloigné dans la nuit, il manquait six jeunes femmes dont Nunzia.

Zoltan réunit les principaux chefs de tribus qui criaient vengeance pour établir un plan.

— Il faut retrouver nos filles avant que ces fils de chiens ne les déshonorent et ne les tuent...

— Mais comment les retrouver si vite, de nuit, dans un pays qui nous est étranger, demanda un bohémien au regard de feu ?

Nostradamus avait assisté à toutes les scènes de ce drame et, étant admis à la réunion des chefs, conseilla à tous les hommes de monter à cheval, de lancer vers le nord l'étalon blanc du soudard abattu et de le suivre.

— Il va nous mener droit sur eux... C'est bien le diable s'il n'y en a pas un qui montait une jument !

Ainsi fut fait.

Avec à leur tête Nostradamus, soucieux de retrouver Nunzia saine et sauve, une quarantaine de gitans armés de rapières, de dagues, d'estramaçons (1) et de fouets se lancèrent sur les traces de l'étalon.

L'animal, heureux de courir vers les siens, prit tout de suite le bon chemin.

C'est dans la forêt de pins proche de l'estuaire que les gitans, dévorés de vengeance, retrouvèrent les malandrins et leurs prisonnières.

Les captives, robes arrachées, cheveux défaits, se débattaient jusqu'à mourir plutôt que d'assouvir les bas plaisirs des soudards.

Nostradamus vit tout de suite Nunzia, la poitrine découverte et zébrée de sang. L'homme qui tentait de la forcer bavait de rage. La sueur avait tracé des sillons sur son visage crasseux. La belle tigresse tenait ses mains en avant, les ongles repliés comme des griffes de fauve.

Elle avait déjà arraché un peu des joues de son assaillant qui s'apprêtait à repartir à l'assaut de la belle.

Sans descendre de cheval, Nostradamus lança son fouet. Le cuir claqua sec avant de s'enrouler au tour du cou du chien immonde.

Le mage tira à lui le long fouet qui s'enserra plus encore jusqu'à rompre les os du cou du truand.

Les gitans ne firent aucun quartier.

Avec leurs rapières, leurs dagues et leurs estramaçons, ils tuèrent et égorgèrent tous les malandrins avant de repartir pour leur camp avec les femmes et les chevaux.

Le lendemain, il fallut dire une autre messe pour l'âme irrécupérable des soudards morts.

Zoltan, rageant de n'avoir pu participer à l'expédition, embrassa Nostradamus pour lui démontrer à quel point il le considérait comme des leurs.

(1) Longue épée à deux tranchants.

La fête du lundi était pour Nostradamus.

Des cabris des Alpilles furent mis à la broche et des tonnelets de vin du pays éventrés.

Sévrina, la vieille mère du roi Zoltan serrait Nostradamus sur son cœur, en pleurant :

— Je savais que tu allais revenir avant que je ne meure.

Depuis ta dernière venue, il s'en est passé des choses. Zoltan nous a emmenés chez nos frères tziganes du Monténégro. Le grand Roi des Rois qui remontait d'Égypte est venu me saluer et me féliciter d'être la plus âgée de tous.

Il m'a remis le parchemin sacré afin qu'il soit confié à celui pour qui demain n'a pas de secrets.

La vieille Sévrina se leva avec difficulté, alla s'isoler un moment dans sa roulotte et en ressortit tenant serré contre sa poitrine un vieux manuscrit roulé, scellé de cire et retenu par un cordon de soie rouge.

— Ce grimoire est pour toi, dit-elle à Nostradamus en lui tendant le parchemin. Surpris, le mage brisa le sceau et parcourut ces quelques lignes écrites à la poudre noire :

« Toi qui lit dans les astres, tes onze premières tentatives dans la suite des siècles ont été vaines parce que la volonté a défailli en toi.

Lorsque tu te sentiras plus fort que la mort et la peur, la douzième tentative te conduira au triomphe

A l'heure où tu auras croisé le grand Thot, suis l'étoile de Dieu comme il te l'indiquera et pénètre dans le sein du lion à tête humaine, gardien de Gizeh.

Tu t'y forgeras un cœur de bronze, un esprit de feu et une âme de diamant.

Lorsque, grâce à Thot, tu seras en présence de l'Énigme, terrasse sa volonté.

Alors, seulement, l'Énigme te livrera le secret suprême. »

Ces lignes tracées par le Roi des Rois flamboyaient sous les yeux de Nostradamus. Chacun des mots s'incrustait dans son cerveau.

Le prophète demanda à Sévrina qui était Thot ?

— Thot ? répondit la vieille, c'est le dieu égyptien de la sagesse, des arts occultes et des sciences inconnues.

Dans le Panthéon d'Égypte, il était aussi le scribe des autres Dieux.

Il avait pour tâche de prédire l'avenir et de mesurer le temps.

Il a écrit « Le Livre de Thot » que seuls les initiés peuvent compulser. C'est une œuvre hiéroglyphique sauvée des ruines du temple livré aux flammes par des esclaves aveugles.

La vieille prit un temps avant de poursuivre :

— Si tu es l'homme qui convient, Thot te dira où tu pourras trouver son livre.

— Mais comment rencontrer ce Dieu Thot ? demanda Nostradamus.

— A Gizeh, au cœur de l'Égypte. Trois pyramides le protègent. Tu le reconnaîtras tout de suite. Il a le corps d'un homme avec le col et la tête d'un Ibis, oiseau sacré.

Je ne l'ai jamais vu. Mais les Dieux veulent qu'ainsi il soit.

La légende et les croyances mythologiques disaient que Thot apparaissait aussi parfois tenant une plume, une tablette et un rameau de palmier... Mais peu importe l'apparence qu'il aura lorsque tu le rencontreras, tu le reconnaîtras tout de suite.

Nostradamus, muet d'intérêt, leva les yeux au ciel.

Une énorme étoile filante qui lançait dans son sillage une pluie d'argent traversa soudain le firmament et disparut vers le sud.

Ce même soir, sans perdre un instant, après avoir pris tendrement congé de Nunzia et s'être muni d'un peu d'or que lui remit Zoltan, Nostradamus reprit sa mule et s'engagea sur le chemin qui menait à Marseille.

Il erra longtemps sur les quais encombrés de marchandises

avant de trouver ce qu'il cherchait : une tartane napolitaine qu'il fréta à son compte.

Le patron du bateau lui demanda où il devait mener sa Seigneurie.

— En Égypte, répondit Nostradamus.

CHAPITRE
8

La traversée fut lente, au gré des vents et pleine d'heureux enseignements pour le prophète.

Le réduit qui lui était réservé à l'arrière du bateau sentait le bois chaud et l'étoupe de calfatage. Un minuscule hublot laissait filtrer avec parcimonie, air et lumière.

Dans le petit carré, la chaleur était insupportable.

Nostradamus n'y passait que quelques heures, en fin de nuit, préférant s'installer sur les rouleaux de cordages sur la plage avant de la tartane, le visage fouetté par le vent du large et les embruns qui jaillissaient de l'écrêtement des vagues.

Le jour, il scrutait la mer qu'il découvrait et la nuit, il contemplait les étoiles qui, dans ce silence, cette immensité et la grande pureté de l'air, lui semblaient plus proches.

L'équipage de la tartane était composé de Maître Giordani le patron et de trois hommes, tous Italiens de Sicile, sombres de peau et hauts en verbe.

Ils apprirent au voyageur un étrange jeu qui se pratiquait en additionnant les doigts lancés en avant et appelé « la mora » :

S'adaptant très vite aux subtilités du jeu, Nostradamus quitta la tartane plus fortuné qu'à son embarquement.

Au troisième matin d'une calme navigation, le bateau s'approcha d'une île semblable à un immense rocher immergé qui apparut soudain dans les brumes de chaleur du matin.

De cette terre escarpée venaient d'étranges senteurs qui parfumaient l'air tiède.

Un petit port niché un creux d'une calanque aux flancs bistres sonnait la bienvenue par son gros bourdon accroché sous le vieux campanile.

— Quelle est cette terre ? demanda Nostradamus à Maître Giordani.

— C'est une île, la Corsica. Les gens y sont aussi sauvages que leur terre. Ils sont longs à apprivoiser, mais si vous y parvenez, vous êtes leur frère.

L'escale était prévue pour refaire le plein d'eau de source et aussi s'approvisionner en figues sèches et en farine de châtaignes avec laquelle le matelot chargé de la cuisine allait confectionner des galettes de polenta.

Le premier homme que Nostradamus croisa sur l'île fut le père Domenico, curé du petit port de Piana.

Le saint homme venu à sa rencontre semblait tout heureux de recevoir un étranger qui s'avéra tant avide de savoir et qui l'interrogea tout de suite sur cette terre nouvelle qu'il découvrait.

Installés dans le patio de la sacristie sous la tonnelle de vigne grimpante, devant deux gobelets de vin de Patrimonio, le curé et le prophète devisaient d'amitié à l'ombre des hauts murs où s'accrochaient les fleurs de lauriers.

La sérénité du site plaisait à l'homme de science.

Il aimait déjà les collines inspirées qui naissaient au seuil de l'église, les étendues d'oliviers secs, la vieille fontaine moussue de la placette, le tout inserré dans une nature immaculée exhalant des parfums inconnus.

Soudain, Nostradamus se pencha vers le père Domenico et lui confia :

— Je crois que cette île de beauté va être le berceau d'un homme qui écrira l'Histoire.

Le prophète demanda au curé surpris de lui confier un parchemin et une plume.

Le père Domenico s'exécuta et sur la feuille, Nostradamus écrivit ce quatrain :

> « *Un Empereur naistra près d'Italie*
> *Qui a l'Empire sera vendu bien cher,*
> *Diront avec quels gens il se ralie,*
> *Qu'on trouva moins Prince que Boucher...* »

Le curé s'étonna :

— Mais Corsica est une île française...

— Elle sera italienne un temps mon père, précisa Nostradamus. L'homme dont je parle sera conçu italien, mais il sera un grand de France, car un roi rachètera l'île à l'Italie en la payant fort cher.

Lorsque la tartane ravitaillée quitta l'anse du port de Piana et ses calanques rouges, le père Domenico s'agenouilla et pria pour cet étrange bonhomme qui lisait dans l'avenir comme dans la sainte Bible.

La terre d'Afrique apparut un matin dans les couleurs éblouissantes d'un lever de soleil flamboyant.

Un peu plus tard, les contours d'Alexandrie se précisèrent.

Nostradamus détaillait avec surprise les toits plats, les tours pointues, les minarets d'où s'élevaient les étranges appels des muezzins.

Le delta du Nil s'évasait devant le savant émerveillé. Les colonnes des temples accrochaient le bleu du ciel qui érodait les vieilles pierres dans un contre-jour sublime.

En posant le pied sur le sol africain dans le port d'Alexandrie, l'ombre du petit homme qui lui était apparue en Corsica se profila à nouveau devant lui sur les blanches façades des maisons basses de la ville.

Il eut un éblouissement suivi de tremblements de tout son être.

Lorsque le calme revint en lui, il écrivit tout de suite :

« *De la Cité marine et tributaire*
La tête rase prendra la Satrapie.
Chassez sordide qui puis sera contraire
Par quatorze ans tiendra sa tyrannie... »

Ce quatrain paraîtra plus tard sous le numéro 13 de la « Centurie VII. »

Décrypté, il signifie que du port sous domination étrangère, le petit tondu prendra le pouvoir chez les satrapes (gouverneurs des provinces de l'Empire Médo-Persan chargé du recouvrement des impôts).

Il chassera les révolutionnaires sordides, le vent de l'histoire ayant tourné, et exercera sa tyrannie pendant quatorze ans.

Dans son très documenté « Historien et Prophète » Jean-Charles de Fontbrune, grand spécialiste des interprétations des prophéties de Nostradamus apporte le commentaire suivant :

« D'Alexandrie qui est devenue tributaire de la France, Bonaparte organise l'Égypte en une sorte de protectorat puis embarque pour la mère patrie dont l'évolution politique l'inquiète.

Il aide au renversement du Directoire et par le coup d'état du 18 brumaire, il prend le pouvoir qu'il va exercer de manière absolue jusqu'à l'entrée des alliés dans Paris le 31 mars 1814 soit après quatorze ans de règne. »

Avant de prendre la route vers Gizeh où il savait trouver les pyramides qui protégeaient le Dieu Thot, Nostradamus s'attarda le long du port d'Alexandrie où les esclaves capturés en Nubie construisaient le fort de Quaïtbaï sous le fouet.

A l'ombre d'un boutre (1) retourné sur la roche, il rencontra un vieux pêcheur nommé Abdel qui, par grâce, s'exprimait en grec et en hébreux.

Nostradamus décida d'en faire son guide.

Il le chargea d'acheter des dromadaires et des vivres.

Le surlendemain matin la petite caravane prit le chemin du sud.

Nostradamus découvrait le désert avec ses plis et ses replis mouvants.

Abdel le conduisait par d'invisibles couloirs de nomadisme improvisés selon l'humeur du vent qui dessinait des paysages époustouflants.

Le guide lui apprit à boire à la calebasse le lait de chamelle, à écouter le souffle lancinant du vent sur les dunes écrasées de soleil.

En arrivant dans la petite ville de Benha, Nostradamus demanda à son guide de stopper au pied du minaret.

Il sentait qu'il allait être sujet à une crise d'épilepsie. Il voulait chercher un peu de fraîcheur à l'ombre.

La crise le terrassa pendant des heures.

Affolé par les cris de démence que Nostradamus poussait dans son inconscience, Abdel prit ses jambes à son cou et disparut vers le nord.

Peu à peu, Nostradamus retrouvait son calme. Son front ruisselait encore de sueur, mais il ne tremblait plus.

Un muezzin l'aida à pénétrer dans la mosquée, lui aspergea le visage d'eau fraîche parfumée au jasmin et lui donna une galette à croquer.

(1) Petit navire arabe.

Le prophète était à nouveau en possession de tous ses moyens.

Dans l'ombre accueillante de la mosquée, Nostradamus eut l'impression de voir à nouveau une silhouette familière.

Celle de ce futur empereur dont il avait prédit la naissance en Corsica et le passage à Alexandrie.

Il murmura :

— Il va venir ici.

Prenant dans son sac un parchemin, il rédigea le quatrain suivant que l'on retrouvera plus tard sous le numéro 74 de ses premières « Centuries ».

> *« Après séjourné vogueront en Epire*
> *Le grand secours viendra vers Antioche*
> *Le noir poil crespé tendra fort à l'Empire*
> *Barbe d'airain le rostira en broche... »*

On peut traduire ce quatrain par :

« Après un séjour en Egypte, ses soldats vogueront vers un autre continent. Ils viendront chercher le grand secours vers Antioche.

Celui qui portera un feutre noir sera à l'Empire et rôtira en broche la République. Cette prédiction se réalisera en 1799 après que Nelson ait détruit la flotte française en rade d'Aboukir. En Égypte, Napoléon repoussera les attaques turques et rentrera en France mettre le feu à la République.

Abandonné par son guide, Nostradamus lia les deux dromadaires l'un à l'autre et prit le chemin de Gizeh.

Il fit halte à Embabeh, poste avancé de la civilisation hellénistique, avant de franchir la dernière portion du désert qui le séparait du site célèbre.

Les trois immenses pyramides érigées par les Pharaons de la IVe dynastie lui apparurent soudain : Khéops, Képhren, Mykérinos dressaient vers le ciel leur silhouettes fantastiques.

Lorsque Nostradamus arriva aux abords du Sphinx, le soleil était au déclin et la masse du vieil animal taillée à même le roc se découpait en bistre et noir sur l'orangé du couchant.

Nostradamus admira la tête gigantesque de l'Énigme de pierre. Tête de femme sur un corps de taureau avec des pattes de lion et des ailes de faucon.

Le monstre accroupi souriait de ses lèvres figées et de ses yeux de pierre. Il semblait attendre le prophète venu de si loin.

Derrière le Sphinx, l'ombre de la grande pyramide s'étirait.

Le dernier tombeau des civilisations disparues, le réceptacle du mystère non déchiffré, sarcophage des Dieux et symbolique des origines, la pyramide majeure représentait aussi la voie de l'ascension du Pharaon vers le dieu solaire Râ.

Peu avant minuit Nostradamus dressa son bivouac près des griffes du Sphinx.

Au firmament, des constellations espacées tracèrent d'étranges lignes géométriques.

Peu à peu, les yeux du mage s'habituèrent à la totale obscurité. Il finit par distinguer une lourde porte de bronze sous le poitrail de l'animal accroupi (aujourd'hui obstruée par le sable.)

Dans les tribus nomades on racontait que jadis, des hommes avaient connu le secret qui ouvrait cette porte, mais le secret s'était perdu dans la nuit des temps.

Le prophète se dirigea vers la porte de bronze gardienne de tant de mystères et, du poing, il frappa trois coups : les deux premiers rapprochés, le troisième un peu plus espacé, de la manière adoptée plus tard par les francs-maçons.

A sa grande surprise, la lourde porte de bronze n'était pas fermée. Elle tourna en grinçant sur une simple poussée.

Dans une salle hypostyle qu'une diffuse lumière verdâtre éclaira soudain, Nostradamus aperçut la statue du Dieu Thot.

Le scribe de bronze était accroupi. Il tenait, comme l'avait décrit la sorcière gitane, une plume, une tablette et un rameau de palmier.

Du bout de sa plume, le dieu égyptien de la sagesse, des arts occultes et des sciences, semblait désigner au prophète une porte basse au fond de la salle.

Nostradamus se dirigea vers cette porte et la poussa sans crainte apparente.

La salle dans laquelle il pénétrait était immense.

Douze colonnes la soutenaient.

Devant chaque colonne une lumière subtile éclairait un mastaba trapézoïdal (1).

Le prophète était au cœur d'une crypte et les mastabas contenaient des sarcophages.

Planté au centre de la salle Nostradamus détaillait les sarcophages comme s'il s'agissait d'êtres vivants avec lesquels il pouvait dialoguer.

Il lui semblait que le plus proche d'entre eux lui souhaitait la bienvenue, que le second le remerciait pour être revenu pour la douzième fois en douze siècles.

Le troisième lui demandait si, cette fois-ci, il aurait la force d'âme qui lui avait manqué les onze fois précédentes.

Un étrange dialogue s'instaura entre le prophète et les pierres tombales.

— Vous dites que je suis ici pour la douzième fois en douze siècles. J'ai donc vécu plus de mille ans ?

Les pierres lui répondaient que sa mémoire ne lui présentait que les images des faits accomplis depuis sa dernière incarnation.

La voix qui semblait venir du quatrième sarcophage lui donnait un conseil précieux :

_____

(1) Tombeau de l'ancienne Égypte en marbre.

— Sache marcher à ton but sans défaillance.

Alors, les sept génies de la Rose-Croix, gardiens de la clé qui ferme le passé et ouvre l'avenir poseront sur ton front la couronne des maîtres du temps.

Nostradamus fut soudain l'objet d'une courte crise qui lui tarauda les tempes jusqu'à l'évanouissement.

Lorsqu'il reprit conscience, son front était couvert de sueur glacée. Des souffles fétides passaient dans l'air.

Les mastabas étaient toujours là, mais devant eux, age-nouillés, il y avait douze vieillards drapés de blanc qui lui souriaient.

D'une démarche mal assurée, Nostradamus s'approcha du premier.

Le vieillard avait la peau translucide et ses yeux étaient si clairs qu'ils semblaient transparents.

— Qui êtes-vous, demanda le prophète?

— Nous sommes les douze mages gardiens de l'Énigme, répondit le vieil homme. Ton cœur n'a pas tremblé en venant ici... fils de la terre, tu peux continuer ton chemin.

Il accompagna Nostradamus jusqu'à une porte basse qu'il entrouvrit :

— Va! Cherche ta route et poursuis-la.

Le vieux disparut et Nostradamus se trouva face à un large couloir le long duquel il se mit à marcher.

Le couloir allait se rétrécissant tandis que la voûte s'abais-sait.

Au bout d'un temps, il dut se mettre à genoux pour progresser.

Le moment vint où le boyau se fit si étroit qu'il lui devint impossible d'avancer d'un pas.

Il tenta de reculer sentant l'épouvante se glisser jusqu'à la moelle.

Il entendit une voix qui venait d'au-delà les pierres qui lui criait :

— Ici périssent les fous qui convoitent la science et le pouvoir.

D'un dernier et vigoureux coup de reins, le prophète se traîna en avant et le boyau devint plus large.

Nostradamus put ramper, puis marcher courbé pour, finalement déboucher dans une grande salle magnifiquement décorée au centre de laquelle un homme assis dans un fauteuil de marbre semblait l'attendre.

Il était drapé de rouge avec un énorme soleil d'or sur la poitrine.

L'homme tendit les bras. Il était aussi vieux que les douze mages mais son regard était de cendre.

— Je suis le gardien des symboles sacrés. Il ne m'est pas permis de te faire la révélation qui armera ton esprit et ton corps mais puisque tu as eu le courage d'échapper à l'abîme sans reculer un pas, je dois t'ouvrir le chemin du mystère.

Nostradamus aperçut alors aux quatre coins de la splendide salle, des statues superbes représentant une femme, un taureau, un lion et un faucon. Ces figures de marbre symbolisaient les quatre éléments qui formaient le Sphinx.

La femme personnifiait l'intelligence de l'être humain qui prend l'action.

Le taureau représentait le travail de l'homme qui creuse le chemin par où il doit aboutir à la réussite.

Le lion indiquait que pour atteindre le but proposé par l'intelligence et le travail, il ne suffit pas de vouloir, il faut encore oser.

Le faucon signifiait que l'homme qui veut réussir doit s'élancer sur les ailes de l'audace.

Le vieil homme se leva de son trône et s'approcha de Nostradamus.

— Tu vas être initié aux neufs grades de la parfaite science.

Le patriarche posa sa main sur le front du prophète :

— Nous allons te conduire à l'assemblée des mages de la

Rose-Croix qui vont te recevoir au nombre des adeptes de la grande Initiation.

Tu seras le quinzième adepte de ce siècle et le troisième parmi ceux qui traversent la vie actuellement.

Le premier vient des Indes et est un Dieu pour ceux qui l'adorent. Le second vient de Grèce et est un Dieu pour les siens. Toi, tu viens de la vieille Gaule et tu seras un Dieu pour ceux qui te comprendront.

A ce moment, un voile passa devant les yeux de Nostradamus qui fut pris d'un malaise soudain. Il tomba dans un profond coma.

Lorsqu'il reprit ses esprits, le prophète était à son bivouac entre les pattes du Sphinx.

Le firmament était zébré par les étoiles filantes qui semblaient danser un ballet irréel.

Du désert montait une lancinante musique et lorsqu'il se retourna pour regarder le Sphinx et la lourde porte de bronze, il découvrit à ses pieds un vieux grimoire à la couverture rongée par le temps. Nostradamus put néanmoins en déchiffrer le titre : « Le Livre de Thot ».

Levant les yeux, il regarda longuement la tête de femme gigantesque de l'Énigme de pierre qui semblait ne sourire qu'à lui. Entre les pattes du monstre, il n'y avait aucune trace d'une porte de bronze.

Alors il se mit à crier :

— Je suis le maître du monde !

Et le ciel s'embrasa.

Dès le lendemain, Nostradamus reprit la route du retour.

En traversant Le Caire et passant à l'ombre de l'église suspendue d'El-Moallagha, le prophète croisa un groupe d'adorateurs coptes qui défilaient aux sons des cymbales et des cuivres.

En silence, un prêtre illuminé, comme sous extase, s'approcha du voyageur, se prosterna et lui tendit un gros livre écorné.

L'ouvrage portait en titre « De Mysteriis Aegyptorium » et était signé Janblichus (Jamblique.)

Nostradamus avait souvenance d'avoir entendu ce nom prononcé par son grand-père Jean de Saint-Rémy. Il s'agissait d'un néo-platonicien qui vécut dans l'Empire byzantin à la fin du IVe siècle.

Installé derrière la bosse de son dromadaire, protégé du soleil par un long chèche enturbannant son front, il se plongea dans la lecture du livre de Jamblique, bercé par le dodelinement de son auguste monture.

L'ouvrage dévoila au prophète les arcanes de la magie chaldéenne et assyrienne. Il lui révéla l'art d'user de sorcellerie pour faire naître des visions.

De son périple égyptien, Nostradamus revint avec la certitude que ses dons de deuxième vue étaient d'essence divine.

Le boutre qui ramenait le philosophe vers l'Europe s'appelait l' « Ismalia » et était commandé par un capitaine levantin du nom de Slimane Yoglù.

L'homme était peu amène. Le visage coupé à la serpe était dévoré par une maladie inconnue qui lui crevassait joues et nez. Buvant à grandes rasades une liqueur forte venue des îles lointaines qui le faisait rouler d'un bord à l'autre à peine le soleil était-il au zénith, entre deux rots sonores, il dévorait force volailles et des galettes de grain confectionnées par un cuisinier chypriote.

La brute menait les six marins grecs qui formaient l'équipage au fouet et au bâton.

Le vieux bateau qui sentait le vernis de pont et le poisson

séché grinçait sous la vague. Les voiles, mille fois rapiéciées claquaient au petit vent.

Calé à l'avant du boutre, Nostradamus étudiait les étoiles qui lui semblaient voisines.

L' « Ismalia » fit escale en Sicile, au pied du mont fleuri de Taormina.

Pendant les opérations de réapprovisionnement du bateau, le prophète gravit une colline couverte de fleurs odoriférantes.

Il s'arrêta pour méditer dans une vieille chapelle aux tuiles bleues transformée en bergerie.

Il y rencontra un bizarre personnage tant ridé qu'il était impossible de lui donner un âge. Il gardait une vingtaine de brebis crottées sentant fort.

Le berger aussi empuanti que ses bêtes, souriait en permanence, découvrant une bouche presque entièrement édentée.

Luzardo — c'était son nom — offrit à Nostradamus un bol de fromage et un gobelet de jus de figues.

Pour sa part, le berger buvait à même la jarre un breuvage clair comme l'eau de pluie mais qui brûlait les entrailles comme du feu.

A la quatrième rasade, Luzardo sembla plonger dans un profond délire. Et, au travers de ses propos incohérents, balbutiés en latin, le prophète constata que ce qu'il pensait n'être qu'un simple d'esprit trouvait dans son état éthylique une forme de vision encore inconnue de lui.

A la limite de la folie, Luzardo permit à Nostradamus d'entrer en contact avec les mystiques du soufisme.

Le vieux berger à demi-dément gardait précieusement sous sa couche un vieil opuscule d'Al-Ghazālī dont l'intitulé : « Élixir de la Béatitude » ne lui semblait pas étranger.

Le prophète ne reprit la mer qu'après avoir lu, relu et relu encore ce livre, jusqu'à ce qu'il en garde la totale mémoire.

Plus tard, en se référant à ce que l' « Élixir de la Béatitude » lui avait révélé, le mage se livrera à des expériences sur les vertus hallucinogènes des plantes et fruits à graines telle la muscade.

Il put également associer à celles de l' « Élixir de la Béatitude » d'autres techniques du soufisme pour parvenir à ses propres états d'extase.

*
**

Depuis son départ d'Égypte, les nuits de Nostradamus étaient hantées par l'image du petit homme dont il avait décelé la future existence en Corsica, puis à Alexandrie.

Nuit après nuit, le personnage se silhouettait dans son esprit avec de plus en plus de précision.

Il imaginait, deux siècles avant que Napoléon Buonaparte ne naisse, la cruauté et la grandeur de celui qu'il surnommait déjà : « le capitaine méprisable ». Dans le sillage de ce petit homme qu'il voyait mener le monde, il entrevoyait la gloire et la haine.

Sur le livre de bord de l' « Ismalia » que le capitaine ne tenait plus depuis longtemps et que Nostradamus retrouva dans un coffre d'acajou, le prophète se prit à dessiner maladroitement un petit bonhomme trapu, un bicorne sur la tête, la main gauche dans le dos et la main droite devant lui à la hauteur du plexus solaire.

Le dessin était imprécis tant les dons de dessinateur de Nostradamus étaient ténus. Seuls les deux grands yeux noirs de la figure avaient les contours parfaitement tracés avec un regard difficile à soutenir.

Après avoir croisé une flottille de galères espagnoles qui cinglaient toutes voiles au vent vers Naples, le boutre subit les assauts d'une terrible tempête.

Le capitaine, dessoûlé par les trombes d'eau qui passaient par-dessus le bateau avait fait ramener la presque totalité de la voile.

Deux marins tombèrent à la mer et disparurent sans qu'on puisse leur porter secours.

Pour ne pas périr noyé, le mage s'attacha au mât avec un gros cordage.

L'enfer dura trois nuit et quatre jours.

Lorsque le calme revint, les vivres avaient été emportées par la tempête, le haut du mât s'était brisé et le capitaine dut trouver un port pour faire escale.

Au loin se profilaient les contours de la petite isola d'Elba.

Le capitaine amena son boutre jusqu'au creux d'une ravissante petite crique au fond de laquelle se nichait un minuscule village du nom de Porto Ferrajo (1).

En mettant pied à terre, Nostradamus fut pris d'un violent mal de tête. Il crut ressentir les effets d'une si longue tempête et les méfaits du mal de mer. Mais les raisons de son indisposition étaient toutes autres.

Il alla s'asseoir sur un muret. Le soleil était au déclin et les ombres des grands arbres s'étiraient à l'infini.

C'est alors « qu'il le vit », marchant d'un pas rapide vers une belle maison blanche surplombant l'île.

« Ici, il fera étape. Une force indomptable (2) l'amènera sur ces rives », hurla le prophète.

Il fut soudain l'objet d'une effroyable crise de délirium qui le maintint en transes plusieurs jours.

Les secousses qui agitaient le prophète étaient devenues plus rapides, plus sèches. Tous ses membres tremblaient. Ses yeux étaient révulsés. C'est-à-dire que la prunelle était tournée en dedans et qu'il ne pouvait plus voir ce qui se passait à l'extérieur. Mais il voyait précisément tout ce qui se passait en lui.

Des villageois avaient conduit Nostradamus dans la maison d'un pêcheur en attendant qu'il retrouve ses esprits.

(1) Andrea Capoldi « Mare Nostrum in Aeternam ». Gênes. (1710).
(2) C'est à bord de la frégate anglaise « l'Indomptable » que Napoléon fut conduit à l'île d'Elbe.

Dès que le calme fut revenu, il demanda qu'on lui amène d'urgence mines et parchemin.

Dans son délire, le prophète avait vu avec une précision encore plus grande le petit homme qui le hantait.

Il passa les trois nuits suivantes, en attendant la remise en état de l' « Ismalia » à relater ce que seraient, deux siècles plus tard, la vie et la mort de ce monstrueux personnage.

Dans son premier quatrain de ses « Centuries » qui paraîtra sous l'appellation 1-76, il dévoila tout de suite le nom prédestiné de Napoléon :

« D'un nom farouche, tel proféré sera
Que de trois sœurs aura fato le nom
Puis grand peuple par langue et faicts dira
Plus que nul autre bruict et renom. »

Les décrypteurs ont traduit ce quatrain par :

« Il sera porté en avant avec un nom si farouche que ce nom sera d'une façon prédestinée semblable à celui des trois parques (1). »

Dans le dernier quatrain que Nostradamus rédigea à l'Île d'Elbe, il y préfigurait la mort de l'Empereur.

« Entre Bayonne et à Saint-Jean-de-Lux
Sera posé de Mars le promontoire.
Aux Hannix d'Aquilon, Nanar
Hostera Lux.
Puis, suffoqué au lict sans adjutoire... »

C'est Jean-Charles de Fontbrune qui décryptera avec la plus grande précision ces vers que l'on retrouve dans le quatrain VII-85.

« Entre Bayonne et Saint-Jean-de-Luz, la guerre atteindra ici son point culminant. Les efforts de la Russie enlèveront la gloire de Napoléon qui suffoquera dans son lit sans aucun secours. »

(1) Étymologiquement en grec, Napoléon veut dire : « nouvel exterminateur ».

On peut appliquer ce quatrain de la bataille de Vitoria en Espagne le 21 juin 1813 qui devait libérer les provinces basque et navarre en faisant refluer les troupes françaises vers Pampelune et Saint-Sébastien.

Wellington repoussa les soldats de Soult vers Bayonne.

Le 8 octobre 1813, la Bidassoa était franchie.

Wellington installa son quartier général à Saint-Jean-de-Luz.

La fin de la guerre d'Espagne et la bataille de Leipzig dite « la bataille des Nations » furent bien le point culminant (promontoire) des guerres napoléoniennes.

Quant au dernier vers du quatrain :

« Puis, suffoqué au lict sans adjutoire. »

La vérité a voulu que Napoléon sur son lit de mort dut lutter sans aide (sans adjutoire) contre les souffrances atroces, les moustiques et les mouches.

Épuisé par les remèdes de charlatans, bourré de lavements, l'Empereur se débattit en vain contre l'anéantissement.

L' « Ismalia » put enfin reprendre la mer et mit cap au nord-ouest.

Nostradamus avait payé les réparations du mât et de la voilure, les réserves de poisson séché, les figues, la farine de châtaigne et l'eau de source avec ses deniers.

En quittant Porto Ferrajo le prophète admira au loin la splendeur de la côte italienne et la majesté des Apennins déchiquetés en toile de fond sur le bleu du ciel.

CHAPITRE
9

En débarquant sur le sol de France, au grand port de Marseille, Nostradamus dut se frayer un chemin parmi des milliers de pauvres gens qui tentaient de s'embarquer pour fuir leurs bourreaux.

Ces hommes, ces femmes et ces enfants affolés étaient des Vaudois des monts du Luberon voués au massacre par les soldats du baron Oppède.

Leur doctrine fondée sur la fidélité en la sainte Écriture, la pauvreté absolue et la non-violence (qui pouvait les confondre avec le calvinisme) les avaient désignés à l'excommunication et à la mort.

Nostradamus leur conseilla de retrouver leur calme et de rentrer chez eux où ils n'avaient plus rien à craindre, les sbires de l'Inquisition ayant délaissé leur chasse aux sorcières dans la région pour aller guerroyer plus au nord (1).

C'est en allant faire ripaille dans une auberge près du port, qu'entre poularde et chapon Nostradamus apprit d'un colporteur voisin la mort du roi François Ier qui laissait à son successeur, son fils Henri II, un état en bien dangereuse situation.

(1) Abbé Torné-Chavigny : « Nostradamus éclairci ».

François Ier avait été un roi fort séduisant.

Il avait su avec intelligence, profiter de cet avantage pour imposer ses lois sans brusquerie.

Les nobles lui obéissaient sans discuter.

Ils attendaient tout de leur souverain et avaient admis que seul, le roi pouvait distribuer charges, privilèges et bénéfices.

Vivre en permanence à la cour de François Ier ne représentait pas seulement un honneur, mais une nécessité.

Vivre loin du roi signifiait tomber dans l'oubli.

Le jeune Henri II n'avait pas hérité du charme de son père et les gens de cour se montraient moins dociles à son endroit.

Cependant, sur le plan militaire, le roitelet obtint des résultats plus définitifs que ceux de son glorieux père. Ses troupes parvinrent à chasser les Anglais de la ville de Calais. Une campagne militaire menée tambour battant l'amènera comme par mégarde à occuper trois villes jusqu'alors allemandes et qui deviendront définitivement françaises : Metz, Toul et Verdun.

Ce jeune roi fougueux plaisait fort à Nostradamus qui se proposait de se mettre bientôt à son service.

Mais pour l'heure, d'autres préoccupations attendaient le prophète. La peste sévissait toujours avec grande acuité dans le sud de la France et l'épidémie s'était étendue plus au nord jusque dans le Lyonnais.

Il profita du court séjour qu'il fit auprès des siens à Saint-Rémy-de-Provence pour retrouver son laboratoire souterrain et parfaire son remède contre le charbon.

Il retrouva ses vieilles formules, les peaufina avec l'adjonction de plusieurs essences aromatiques.

Un apothicaire de ses amis, Léonard Cavaglioli, que tous ses proches considéraient comme « pur et sincère » aida le médecin-astrologue à fabriquer cette médication avec laquelle Nostradamus entendait bien neutraliser définitivement les miasmes générateurs de la peste.

Cette rare préparation se montrera très efficace dans bien des cas. De toute façon, à l'époque, on ne trouvait aucun remède qui fût plus préservatif de la peste que cette composition.

Soucieux de s'éloigner de cette peste qu'on l'empêchait de combattre selon son savoir, Nostradamus quitta le Lyonnais et remonta vers le nord en longeant la Saône.

Il traversa rapidement Chalon, évita la ville de Dijon et décida de faire étape près de Vendeuvre sur les rives du lac de la forêt d'Orient.

Des paysans d'alentour venaient prier aux pieds d'une statuette de la Vierge, dressée face au lac et la suppliaient d'appeler la pluie, leurs terres menaçant de devenir stériles par la trop longue sécheresse.

Le désespoir de ces pauvres gens était trop grand pour que Nostradamus restât indifférent.

Aux premiers reflets de la lune, le mage détacha une barque à fond plat et rama jusqu'au milieu du lac et là, il tendit les bras vers le ciel. Il attendit que monte en lui cette énorme tension nerveuse qui déclenchait ses convulsions encéphaliques.

Lentement, les eaux du lac se mirent à monter.

Au petit matin, elles quittèrent leur lit pour se répandre dans toute la campagne avoisinante, inondant les champs dont la terre devenait poussière.

Partout dans la campagnes, les paysans étaient encore en prière mais maintenant, c'était pour remercier la Sainte Vierge qui, sans aucun doute, avait permis ce miracle.

Au loin, se dressait la flèche de l'église Saint-Urbain au cœur de la ville de Troyes.

Le prophète se refusa de pénétrer dans la cité et la contourna par le large.

Il ne voulait pas fouler les pavés d'une ville qui avait vu, en 1420 la signature d'un traité qui offrait à Henri V d'Angleterre la main de Catherine de France.

Le mage arriva en vue de Reims alors que les longues files de jeunes paysans se dirigeaient vers le cœur de la ville où venaient de s'ouvrir la nouvelle Université. Tous les jeunes d'alentour étaient conviés à la fête et Nostradamus retrouvait l'ambiance des bons moments passés sur les bancs de la Faculté de Montpellier lorsqu'il avait l'âge de ces jeunes gens.

Dans une auberge proche de la Vesle, il goûta le vin pétillant qui lui monta vite à la tête. Une très belle fille qui cherchait bonne fortune vint lui tenir compagnie. Elle l'entraîna chez elle dans une modeste chambre près de l'Abbatiale Saint-Rémy.

Il passa la nuit à alterner prouesses amoureuses et propos d'ivrogne :

« Je fais l'amour à une ribaude dans la ville où Clovis fut baptisé et bon nombre de rois de France sacrés dans cette belle cathédrale qu'un jour des Germains détruiront... (1) »

La ribaude croyant avoir affaire à un fou, s'empressa de se rhabiller et de disparaître en emportant la bourse de Nostradamus.

N'ayant plus un écu à lui, le mage s'en alla par les campagnes le long de la Vesle pour cueillir des herbes odorantes et des plantes sauvages.

Il chercha un mortier et un pilon chez un apothicaire de la ville et prépara une mixture qu'il alla vendre aux jeunes étudiants comme remède contre les « pustules de jeunesse ».

Il avait placé son tréteau face à la nouvelle Faculté, là où les jeunes gens bourgeonnants ne manquaient pas.

Nous ne savons pas si le remède fut efficace (le prophète ayant assuré à ses jeunes clients qu'il fallait au moins une semaine pour obtenir des résultats) mais lorsqu'il quitta la ville deux jours plus tard, sa bourse sonnait de bon nombre d'écus.

Il désirait faire route jusqu'à Bruxelles, capitale d'un pays ami. Il traversa Charleroi et se trouva soudain au point culminant d'une colline au milieu d'un paysage désolé et morne.

_____

(1) Les Allemands bombardèrent la cathédrale de Reims pendant la première Guerre mondiale.

Nostradamus stoppa sa mule, regarda l'horizon et claironna :
« *Le grand du fouldre tombe d'heure diurne*
Mal et predict par porteur postulaire :
Suivant présage, tombe d'heure nocturne
Conflict Reims, Londres, Étrusque pestifère (1). »
Ce qui devait signifier :
« La grandeur du foudre de guerre commencera à tomber le jour, ce malheur lui ayant été annoncé par porteur de requête. Suivant ce présage, il tombera la nuit ; après le combat de Reims, l'Étrusque qui a porté la désolation sera battu par les Anglais. »
Nostradamus était à Waterloo.
Transfiguré par la vision soudaine qu'il venait de percevoir, le mage décida de rebrousser chemin sans aller jusqu'à Bruxelles pourtant proche.
Pourquoi était-il hanté en permanence par ce petit homme qu'il trouvait régulièrement sur son chemin ?
En arrivant près du Luxembourg, Nostradamus décida de faire halte à l'Abbaye d'Orval.
Les bénédictins lui ouvrirent grandes les portes de leur lieu de prières.
Le prophète sentit immédiatement, la présence du personnage qui lui était devenu familier.
Le petit homme de Corsica devait écrire les plus sombres pages de son destin dans la région.

Dans un petit opuscule intitulé « Livre de Prophéties » signé Olivarius (2) docteur en médecine, chirurgien et astrologue et daté de 1545, Nostradamus écrira :
« *La Gaule itale verra naître non loin de son sein un être surnaturel. Cet homme sortira tout jeune de la mer et viendra*

(1) Ce long cri deviendra le quatrain I-26.
(2) Il arrivait à Nostradamus d'employer le pseudonyme « Olivarius » qui évoquait sa Provence, le pays des oliviers.

119

prendre langue en mœurs chez les Celtes gaulois, s'ouvrira encore jeune, à travers mille obstacles, chez les soldats, un chemin et deviendra leur premier chef.

Ce chemin sinueux lui baillera force pleine, s'en viendra guerroyer près de son natal pays par un lustre de plus.

Il sera nommé non roi mais par après nommé Imperator par grand enthousiasme populaire. Batailleur partout dans l'Empire, déchassera princes et rois par deux lustres de plus. Il sera vu avec une armée forte de quarante-neuf fois vingt mille hommes ; piétons armés qui porteront armets et cornets de fer. Il aura sept fois sept mille chevaux à monter d'hommes qui porteront plus que les premiers, grande épée à lance et corps d'airain. Il aura sept fois sept deux mille hommes qui feront jouer machines terribles et vômiront et soufre et feu et plus. La toute suspute de son armée sera de quarante-neuf fois vingt mille hommes, portera à dextre main un aigle. Signe de la victoire à guerroyer. S'en viendra dans la grande ville, ordonnant force grandes choses, édifices, ports, aqueducs. Il aura femme par deux et fils un seul (1). »

Il faisait froid et neige sur les grandes plaines de Belgique.

Profitant d'une diligence de bénédictins descendant vers le sud, Nostradamus décida de retrouver au plus tôt son soleil provençal.

Les bénédictins avaient projet de séjourner à l'Abbaye Saint-Philibert-de-Tournus sur les bords de la Saône.

Cette joyeuse délégation se rendait dans sa nouvelle retraite pour assimiler les secrets de la fabrication de certaines liqueurs suaves.

Prenant congé avec remerciements du père Ambroise qui

(1) A. Boniface : « Buonaparte prédit par des prophètes et peint par des historiens. » Imprimerie d'Hautel. Paris. (1814.)

dirigeait le petit groupe, Nostradamus lui glissa au creux de l'oreille :

— Pendant ce voyage que vous avez su rendre agréable, j'ai beaucoup écouté vos bénédictins narrer les façons qu'ils vont employer pour faire leur liqueur. Je crois qu'elle va se révéler fort délicieuse et douce au palais, mais, si vous voulez qu'elle atteigne les sommets de la bonne saveur, pilez des feuilles de menthe sauvage séchées dans un mortier de marbre et lorsque fine poudre verte vous aurez obtenu, vous y ajouterez une livre de belle cassonade. Lorsque vous aurez mêlé le tout vous n'aurez qu'à le jeter dans la préparation de vos bénédictins.

Le père remercia Nostradamus en lui demandant :

— Si cela est aussi délicieux que vous le prédisez, comment vous manifester notre gratitude ?

— Vous n'aurez qu'à m'en faire porter douze flacons, répondit le prophète en souriant.

Le père bénédictin donna l'accolade au mage sous le narthex de l'Abbatiale Saint-Philibert avant que Nostradamus ne reprenne sa route.

Rendant visite à son frère Bertrand de Notre-Dame installé à Salon-de-Provence, le prophète fut séduit par la douce lumière estompée qui perçait à travers de fins nuages. La douceur du bleu confondait le ciel et l'horizon en un mirage brumeux faisant aux Alpilles lointaines une auréole diaphane.

La petite ville se lovait au pied des vignes dorées et semblait nichée dans un écrin de bonheur.

A Salon, tout lui plut de suite : les couleurs, la lumière, les cyprès longilignes, les oliviers légendaires les senteurs, les formes et la vie.

Il se rendit acquéreur d'une vieille demeure, rue des Poissonniers dans le quartier Ferreiroux sous les gargouilles du château de l'Évêché.

Il tint à marquer son installation dans cette bonne ville par une heureuse prédiction :

« *Ceux qui cueilleront leurs olives aujourd'hui pour les mener au pressoir auront bonne huile cet hiver.*

Ceux qui voudront remettre la cueillette à demain auront cuisine sèche. »

Certains suivirent les conseils du mage et déchargèrent leurs oliviers des fruits verts.

D'autres n'en eurent cure et en furent bien punis.

Dans la nuit, une nuée de passereaux venus du nord s'abattit sur les champs avoisinants et se régalèrent à picorer les fruits restés sur les arbres ne laissant que des lambeaux de chair autour des noyaux.

Bertrand, le frère de Michel de Notre-Dame était le cadet de Nostradamus d'une quinzaine d'années.

Il avait titre de « bourgeois et marchand » et était personnage très en vue de la société de Salon.

C'est lors d'une fête donnée par Bertrand pour présenter le nouveau venu en ville à toutes les notoriétés et autorités de Salon, que Nostradamus rencontra une très distinguée et très jolie jeune veuve : Anne Ponsard dont l'époux, Jean Beaulme — insignifiant cascaret (1) — n'avait pas survécu à une malencontreuse chute de cheval un an auparavant.

Le deuil de la belle avait pris fin et Nostradamus lui demanda incontinent sa main qu'elle s'empressa de lui accorder.

Le contrat de mariage fut établi le 11 novembre 1546 et les noces somptueuses célébrées le 26 novembre.

_____

(1) Chétif, misérable.

La jolie mariée était cousine du notaire qui avait établi le contrat. Elle apportait une dot fort appréciable estimée à quatre cents florins et Nostradamus déposa chez l'homme de loi, les trois cents florins économisés pendant la peste.

Le couple s'installa dans la maison de la rue des Poissonniers.

A la bâtisse de deux étages, Nostradamus fit ajouter sur le toit, une vaste loggia d'où il pouvait, grâce à ses instruments qu'il faisait tournevirer à sa guise, observer les mouvements des astres.

Tout de suite, le médecin-astrophile s'imposa auprès des habitants de Salon comme un fervent catholique, ne dissimulant pas sa haine des huguenots et fréquentant la cathédrale assidûment.

Il se fit immédiatement une réputation de croyant exemplaire.

Il subissait tous les jeûnes, priait tous les jours, communiait toutes les semaines et faisait avec largesse, la charité tout autour de lui.

Lorsqu'il allait converser avec quelques notables de la ville, il se montrait de plus en plus attentif à la marche des idées et faisait étalage précisément, de son intérêt grandissant pour les réalités politiques de son temps et de ses curieux arcanes.

La duplicité et les intrigues du pouvoir le révoltaient.

A ses amis qui l'écoutaient avec grand intérêt, il précisait pour donner exemple : — Voyez la démarche du roi François Ier. Il s'affirmait grand défenseur de la Foi catholique lorsqu'il en décousait sur le sol de France et en réalité, il n'hésitait pas à s'allier aux Turcs hérétiques lorsque la politique exigeait qu'il fasse tout pour résister à l'aigle germanique ! Je suis abasourdi, concluait-il.

L'auditoire était de son avis, heureux de l'écouter discourir et s'enflammer de ce qu'il appelait des procédés inacceptables.

Dès que le soleil avait disparu derrière la colline de Garonnet, Nostradamus descendait dans sa cave où il retrouvait ses alambics, ses mortiers, ses creusets, ou alors, il montait sur sa terrasse d'où il pouvait contempler les étoiles, étudier les astres à l'aide d'une lunette d'approche montée sur un trépied qu'il avait mise au point d'après les esquisses de Léonard de Vinci.

A l'aube, les yeux brûlants de fatigue, il regagnait son bureau et à la lueur d'une chandelle, il retraçait les trajectoires des météorites aperçues, le mouvement des astéroïdes observés.

Si les orientations relevées se révélaient positives, il allait prendre place sur « la selle d'airain » devant le bassin de cuivre rempli d'eau.

Il accrochait son regard à la mince flamme de la bougie qui terminait de se consumer et faisait le vide total en lui.

Peu à peu, il entrait en transes... des voix lui parvenaient, des visions surgissaient.

Nostradamus se mettait alors à interroger les eaux frémissantes du bassin de cuivre.

Nostradamus n'a jamais caché qu'il usait de procédés magiques pour entrer en transes.

Il se référait à un rituel pratiqué par Branchus, un devin de la Grèce antique.

Ce rituel consistait à s'asseoir sur un trépied de cuivre et à se tenir raide. L'inconfort de la position lui permettait de garder l'esprit alerte. Les pieds du siège étaient écartés selon le même angle que les pyramides d'Égypte afin de créer une force bio-énergétique censée aiguiser les pouvoirs psychiques.

Face à la flamme de la bougie et étudiant le frémissement de l'eau du bassin à laquelle il avait ajouté des essences stimulantes, il pouvait commencer ses incantations.

« Âme, cœur et cerveau vides de toute préoccupation je peux parvenir à la tranquillité et à la paix de l'esprit. »

Commençaient alors les premières étapes de la transe :

« Chaleur et puissance viticinatrices (1) s'approchent de nous, comme il nous advient des rayons du soleil... »

A ce moment précis, Nostradamus plongeait une branche de laurier sauvage dans le bassin de cuivre.

Il en fouettait ses pieds. Une brusque poussée d'énergie le menait alors dans une autre dimension :

« ... car l'entendement créé intellectuellement ne peut voir occultement sinon par la voie faite au limbe (cercle zodiacal) moyennant l'exiguë flamme. »

Il décrivait alors ce qu'il voyait sortir de l'eau ou de la flamme qu'il fixait intensément comme si les images apparaissaient dans un miroir de feu. De là, émergeait une perception obscure des grands événements, déboires, prodiges et calamités arrivant en leur temps.

Tout ce rituel permettait au devin de surmonter la grande panique qui précédait l'extase absolue (2).

Le couple Notre-Dame semblait fort enamouré aux yeux de ceux qui les regardaient vivre. Mais en réalité, le mage éprouvait beaucoup de difficultés à s'accoutumer à sa nouvelle vie de bourgeois sédentaire.

Cette morne lune de miel dura moins de deux ans.

(1) Revivifiantes.
(2) John Hogue : « Les Révélations ».

125

Aux premiers froids de 1547, l'envie de reprendre la route pour aller à la découverte de gens de divers intérêt s'empara de lui. Il voulait rencontrer des savants, des novateurs, des personnages à la culture évoluée.

L'Italie lui semblait être la terre de prédilection pour croiser des êtres d'exception.

Outre Léonard de Vinci dont il connaissait déjà les œuvres fortes et les travaux, Nostradamus était fiévreux de connaître un autre savant toscan dont la renommée était venue jusqu'à lui : un certain Michelangelo Buonarroti, sculpteur, peintre, poète, architecte. L'homme enthousiasmait toute l'Italie par ses créations originales, puissantes, révolutionnaires et leur caractère grandiose.

« Ce pays est fait pour moi », s'écria le mage un matin où le ciel de Provence charriait de gros nuages noirs qui allaient éclater au-dessus des monts d'Esterel.

CHAPITRE
10

Nostradamus quitta Salon-de-Provence à l'aube de l'an 1548, abandonnant sa femme qui lui avait déjà donné deux enfants : Madeleine et César. Elle était enceinte d'un troisième enfant lorsque le prophète l'embrassa une dernière fois.

— Je serai de retour très bientôt, lui assura-t-il.

Le voyage que le médecin-astrophile entreprenait au-delà des Alpes allait durer vingt-cinq mois.

Nostradamus ne savait trop comment s'y rendre et par où commencer son périple.

Il décida de chevaucher sa mule jusqu'à Marseille qui, depuis son voyage en Égypte lui semblait être le point de départ idéal pour n'importe quel endroit du globe.

Un bateau marchand qui devait lever l'ancre pour Venise avec un chargement de coton et de grain le prit à son bord.

Au passage, il reconnut l'île de Corsica où il avait fait escale, puis la Sicile où il avait rencontré le berger fou et un peu plus tard, ce fut l'extraordinaire découverte de l'Adriatique et de la sauvage côte dalmate.

Il eut, en arrivant à Venise un des chocs émotionnels les plus importants de sa vie.

Il découvrait la « Sérénissime des Temps immobiles », les admirables palais sur pilotis groupés par îlots au milieu de la lagune, l'île de la Salute, le pont des Soupirs, le Palais des Doges, le pont du Rialto, le Campanile, la place San Marco... et toutes ces églises !

Il y en avait réunies là plus qu'il n'en avait jamais visitées. Tous les arts qu'il affectionnait : le gothique, le bizantin, le baroque se bousculaient sous ses yeux ébahis.

Devant ces palais jaillissants de la lagune, Nostradamus restait muet d'admiration en découvrant les pilastres fleuris de gothique dentelle, soutenus par des grumeaux de couleurs, pétris par les plus vives palettes.

Il prit pension chez une vieille comtesse qui n'avait pour tout revenu que le fruit de la location des chambres du haut de son palais proche de la Scuola degli Schiavoni dédiée à saint Georges et à Tryphon, sur la place de l'église San Giovanni in Bragoia.

La vieille comtesse Alfa di Cipriani raconta à son nouveau locataire qu'elle ne fréquentait plus l'église San Giovanni parce qu'il y régnait en permanence un froid hivernal.

— Le printemps, l'automne et l'été y ont pourtant leur place, répondit Nostradamus.

Plus d'un siècle plus tard, Antonio Vivaldi, le célèbre musicien prêtre roux sera baptisé dans cette église et c'est à l'harmonium de San Giovanni qu'il composera les premières mesures de ses « Quatre Saisons ».

Visitant la Scuola degli Schiavoni dont les parois étaient couvertes de tableaux d'inspiration pieuse mais de niaise facture, Nostradamus aimait à s'entretenir avec le padre Don Raffaelo gardien des lieux saints.

Le vieux prêtre se plaignait du peu d'intérêt que ces toiles achetées à des Grecs ou à des artistes dalmates de peu de talent présentaient pour les visiteurs de plus en plus rares.

Nostradamus conseilla à Don Raffaelo de garder espoir.

— Dans quelques années, cet endroit ne désemplira pas

de visiteurs du monde entier qui viendront admirer les chefs-d'œuvre d'un enfant du pays (1).

C'est au milieu de juin qu'il faut situer l'histoire de Gianfranco Amidei.

Se promenant le long du Canaletto, Nostradamus s'approcha d'une gondole amarrée à un pilier peint.

A l'avant de l'embarcation somnolait un vieux gondolier.

— Réveille-toi, brave homme et mène ta gondole sur le Grand Canal face à l'église de la Salute. Si tu fais ce que je te dis, tu seras ce soir, l'homme le plus fêté de Venise.

Le gondolier qui répondait au nom de Attilio Latorella fit volter son embarcation et prit le chemin du Grand Canal. Près de l'église de la Salute, il entendit soudain une voix affolée qui criait au secours...

Activant sa longue perche, le gondolier fit diligence vers l'endroit d'où venaient les appels.

Un jeune homme se débattait dans les eaux troubles du canal. Il allait se noyer sans aucun doute.

Le gondolier lui tendit la main et le tira à bord de son bateau. Le jeune homme, complètement exténué, remercia son sauveur et lui révéla qu'il était le fils du Doge Amidei et que son père allait sûrement lui compter une forte récompense.

Tout Venise, le soir-même, chantait les louanges d'Attilio Latorella, le gondolier courageux qui avait sauvé Gianfranco Amidei (2).

Vers la fin de 1548, on retrouve trace de Nostradamus à Savone où il fit la connaissance d'Antonio Vigerchio, « espicier, homme de bien » dont il est parlé au « Traité des Fardements et Confitures ». Cet apothicaire apprit au mage la préparation de certain « sirop laxatif de Rosat ».

---

(1) Dès la moitié du xvᵉ siècle, la Scuola degli Schiavoni rangea ses modestes toiles pour accrocher aux murs les plus belles œuvres du peintre vénitien Vittore Carpaccio.
(2) Corrado Pagliani : « Mémoires ». Bulletin mensuel municipal de Turin nᵒ 1 (Janvier 1934).

Nostradamus, partant des bases de Vigerchio perfectionna la recette et maints gentilshommes savonais que leur nature obligeait à user de médications solutives, tirèrent profit de cette préparation miracle.

Le laxatif de Nostradamus était une drogue si retenue en ses effets qu'on pouvait en « bailler aux femmes enceintes, les premiers et derniers mois en tout âge et en tout temps sans danger nul que ce soit. »

C'est toujours en compagnie du précieux Antonio Vigerchio que Nostradamus mit au point un onguent miraculeux contre les taches de rousseur.

Deux « signore » fort belles de Savone : l'épouse de messire Bernardo Brasso et la fiancée du seigneur Giovanni Ferlino de Carmagnole, désespérées d'avoir le visage recouvert de ces taches qui fonçaient au soleil, s'en remirent au mage pour qu'il leur en débarrassât les traits.

Au bout de quelques jours, l'onguent étalé sur la face à intermittences de deux heures fit son effet et le visage des belles retrouva leur blancheur à la grande joie des deux jeunes femmes.

En l'honneur de Nostradamus, un certain Monsieur de Trivulzio qui avait ouï-dire des dons de prophète de ce Français de passage, organisa un banquet somptueux et pontifical en son honneur (1).

Le jovial seigneur de Trivulzio mit son hôte au défi d'honorer jusqu'au bout le repas.

Le prophète demanda l'autorisation au maître de maison d'aller se laver les mains à l'eau de rose avant de retrouver les convives à cet étonnant repas.

Les agapes débutèrent par une grosse pignolate, sorte de galet à base de farine de pignons suivie d'une tarte de massepain

---

(1) César de Notre-Dame : « Le Souper de Trivulse. »

communément appelée pain de mortier, au sucre, à l'eau de mélisse et aux amandes.

Les invités se régalèrent ensuite d'asperges nouvelles ouvrant le chemin à des cœurs, foies et estomacs d'oiseaux sauvages, des tranches de cuisse de daim rôti, des têtes de génisses et veaux bouillies avec leur peau, des chapons, poulailles, pigeons avec langue de bœuf, jambon de truie et sauce de limon.

La plupart des convives s'en tinrent là.

Nostradamus et d'autres gourmands continuèrent avec du chevreau en broche servi dans des assiettes d'argent de forme quadrangulaire et rehaussé du jus de cerises amères qu'on appelait aussi cerises de lauriers.

Apparurent alors des tourterelles, perdrix, faisans, cailles, grues, becfigues et autres volatiles mollement et studieusement rôtis.

Avec des olives de Savone en guise de condiment, furent servis alors : des coqs cuits dans le sucre, des porcelets, des paons grillés avec sauce blanche et une curieuse et aromatique composition appelée par les Espagnols : garroncho.

Cette sauce étrange et exotique faite d'œufs, de lait, de sauge, de farine et de sucre avec quartiers de coings confits, girofles, cannelle, chardons et pignons avait la réputation d'être extrêmement aphrodisiaque.

Les femmes même repues s'en délectèrent.

Pour agrémenter ce souper d'Italie, véritable ripaille pantagruélique, le seigneur de Trivulzio avait fait venir joueurs de farces et comédies, bateleurs et joueurs de bonne moralité, chemineurs dessus les cordes, contrefacteurs de cris d'animaux, joueurs de flûte, de luth, orgue, guitare harpe et psaltérion (1).

Le maître de maison voulut faire admettre à Nostradamus qu'il n'en pouvait plus avaler une bouchée.

_____

(1) Instrument de musique à cordes pincées ou grattées et à caisse de résonance plate en usage dans l'Europe médiévale.

En guise de réponse, le mage demanda au seigneur de Trivulzio s'il pouvait lui faire servir quelques fromages de chèvre, vache et brebis et aussi toutes sortes de dragées, coriandre, fenouil de Florence, amandes, anis, giroflat, orangeat, et quelques douceurs musquées...

Beau joueur, le Seigneur lui fit servir tout ce que Nostradamus souhaitait et lui demanda comment il avait pu manger tant de gargantuesques victuailles sans se sentir indisposé.

Le prophète expliqua à son hôte qu'entre chaque plat, l'eau qu'il buvait était agrémentée d'un certain mélange de plantes de sa confection qui permettait l'immédiate digestion.

Sachant Nostradamus grand maître en pharmacologie, botaniste, guérisseur et apothicaire, Antonio Vigerchio conseilla à son nouvel ami d'aller cueillir près du Lac de Garde les espèces de plantes et fleurs les moins courantes et les plus subtiles dont les vieilles de Vénitie se servaient pour soulager tous leurs maux.

Le mage de Provence découvrit ainsi l'importance de la flore du Baldo surnommée plus tard « Hortus Europeo » ou le Jardin de l'Europe (1).

Il put remplir sa besace de plantes aussi belles que rares qui avaient nom : le carex, la knautia, la saxifraga et l'anémone de plaine.

Nostradamus avait le double dessein d'utiliser ces plantes rares dans ses médications futures et de les cultiver en Provence.

Pendant sa précieuse cueillette, il s'arrêta pour admirer les cygnes glissants du lac de Garde et comme des paysans d'alentour lui avait révélé que rien n'égalait en beauté le

(1) D. Fernandez : « Le Voyageur du Monte Baldo ». Éditions Magnus, Udine. (1980).

spectacle d'une tempête sur le lac, il s'installa sur un vieux banc de bois près de Mincio, admira le calme et la sérénité du plan d'eau.

— Puisque la tempête est si belle, assura-t-il à un jeune paysan venu s'asseoir près de lui, elle va se déclencher dans l'heure qui suit. Il n'est pas question que je manque cela. En souriant, le jeune paysan lui fit remarquer l'uniformité bleue du ciel et la douceur de l'atmosphère.

— Et pourtant, conclut le mage...

Une heure plus tard, le lac était livré à une de ses plus belles tempêtes. Des vagues de plusieurs mètres venaient mourir aux pieds du prophète sur la colline.

Lorsque il en eut assez vu, le lac retrouva soudain toute sa sérénité.

Près de lui, le jeune paysan se laissa tomber sur les genoux et pria.

Plus tard, la mule de Nostradamus le conduisit jusqu'à Vérone, la fille de l'Adige.

Il fut tout de suite fasciné par la ville à la fois romaine, médiévale et gothique, commerciale et bourgeoise.

Il aima le charme et la majesté de la cité dominée et humiliée par tant de conquérants.

Il arriva en ville un jour de marché, spectacle sans lequel tout le reste offrirait le pâle moisi des trésors morts.

Il décida de s'attarder dans la région.

La douceur du climat qui avait déjà attiré l'homme de la pierre ébréchée, de la pirogue et de la palafitte (1), émerveillé les mystérieux Étrusques qui avaient apporté l'olivier, la beauté architecturale de la ville avec ses palais signés des grands maîtres

_____

(1) Construction lacustre du néolithique récent.

architecturaux de l'époque tels Fra Giocondo, Falconetto, Sansovino, Sanmicheli, qui servaient d'écrins aux fresques de Giolfino, et autres Girolamo dai Libri eurent raison de son envie d'ailleurs.

Nostradamus prit pension à l' « Auberge della Torre » près de la Piazza dell' Erbe, entre la Fontaine della Madonna Verona et la colonne de San Marco.

Ses fenêtres donnaient sur la Torre dei Lamberti et sur un parterre de toits roses et gris.

Il y avait à l'auberge une bien agréable servante du nom de Gioiosa qui eut très vite des bontés pour le gentil prophète. Elle avait dix-sept ans, un corps sans défaut et passait des heures à écouter Nostradamus parler de sa Provence.

Invité à une fête donnée par le seigneur de la Villa Paladiana à toute l'aristocratie véronaise, Nostradamus s'y rendit accompagné par la rustre Gioiosa, parée pour l'occasion comme une princesse florentine et qu'il présenta à tous comme une jeune noble de Provence.

La petite servante fut la plus remarquée et la plus courtisée de toute la soirée. Bon nombre de seigneurs lui glissèrent de discrets billets doux...

Nostradamus prenant congé de son hôte, celui-ci lui fit remarquer qu'il était encore fort tôt et que les festivités étaient prévues pour encore plusieurs heures.

— Nous devons rentrer, expliqua le mage, ma compagne doit bassiner mon lit et me cirer mes bottes.

Nostradamus rayonnait autour de Vérone allant jusqu'à Mantoue distant de quarante kilomètres, s'attardant à Pietole où naquit Virgile.

La campagne était complice de poésie et de beauté.

Un aubergiste enraciné à cette terre riche et belle révéla au mage provençal que sa grande fierté était d'avoir appris de mémoire « Les Géorgiques », ce savoureux traité en vers de Virgile, l'enfant du pays, sur l'art de faire fructifier les terres, d'émonder les arbres, de soigner les abeilles et d'élever les bovins.

Sur le chemin du retour vers Vérone, Nostradamus lançait à haute voix les vers de Virgile transmis par l'aubergiste sans en oublier un pied.

Lors d'une procession devant l'église de San Zeno en l'honneur de Santa Anastasia, Nostradamus vit tant de cardinaux empourprés, de prêtres en blanc et en noir, de moines descendus des monastères d'alentour et tant de ferveur chez les croyants confinant au délire collectif, qu'il en eut un choc.

Revenant vers l' « Auberge della Torre » par les rues roses de la ville haute et sous les loggias élégantes aux enjolivures gothiques, Nostradamus sentit soudain les fièvres de l'épilepsie le prendre et il se mit à courir vers sa demeure.

Il ferma sa porte à clé, refusa le boire et le manger que la belle Gioiosa lui proposait au travers de la porte.

En pleine crise, Nostradamus rédigea ses prophéties sur le destin des huit derniers papes de la chrétienté.

Le mage de Provence s'est beaucoup intéressé dans ses « Centuries » au futur de l'église catholique et les prophéties fort troublantes écrites à Vérone annonçaient la chute du Vatican pour le début du XXIe siècle.

Les quatrains de Nostradamus sur ce point, corroboraient étrangement la vision du grand prophète irlandais Malachie, mort quatre siècles avant lui et dont il ignorait l'existence. Le manuscrit original du primat d'Irlande qui eut la vision des cent douze papes à venir et qui avait prédit qu'après Jean-Paul II, on ne compterait que deux papes avant la chute finale de l'Église catholique et romaine ne fut découvert dans les archives du

Vatican qu'en 1590, soit vingt-quatre ans après la mort de Nostradamus à Salon (1).

Dans les visions de Malachie, la chute de Rome était prédite de façon précise : « Dans l'ultime persécution de la Sainte Église romaine, siégera Pierre le Romain qui guidera son troupeau par tribulations nombreuses. Ces tribulations passées, la ville des sept collines sera détruite et le juge terrible jugera son peuple. »

Quatre cents ans plus tard, Nostradamus écrira :

« Ô vaste Rome...! Ta ruine approche, non celle de tes
Murs, mais de ton sang et substance.
Méchanceté par lettres fera si horrible attaque
Que tous seront persécutés (2). »

— *Prédiction de Nostradamus concernant Pie XI* — Centurie V-92.

« Après un pontificat de dix-sept ans...
(Pie XI fut pape de 1922 à 1939.)
Cinq changeront tel révolu terme.
(La Seconde Guerre mondiale a duré cinq ans.)
Puis l'un sera élu en même temps
Qui, aux Romains ne sera pas trop conforme. »

— *Prédiction de Nostradamus concernant Pie XII* — Centurie VI-49.

« Le parti de la guerre
par le grand pontife,
qui subjuguera
les confins du Danube
ceux de la croix tordue. »

(Sous Pie XII, les évêques adoptèrent le salut fasciste face au duce Mussolini.

Après l'accord entre l'Allemagne et le Vatican le Kirchensteuer,

(1) Archives du Vatican.
(2) Nostradamus : Centurie X-65.

certains prélats dotèrent leur chapelet d'une croix gammée.)
— *Prédiction de Nostradamus concernant Jean XXIII* —
Centurie VI-26.

« Quatre ans le siège par peu de biens tiendra.
(Le pontificat de Jean XXIII dura un peu moins de quatre ans.)
Un surviendra, libidineux de vie :
Ravène, Pise et Vérone le soutiendront
d'éleva la croix du pape auront envie. »

(Jean XXIII favorisera plusieurs réformes de l'Église et
adopta des responsabilités nouvelles, religieuses et sociales. Sa
bonhomie sera légendaire.)

— *Prédiction de Nostradamus concernant Paul VI* — Centurie
V-56.

« Après le décès du très vieux pontife (Jean XXIII mourra à
l'âge de quatre-vingt-deux ans) sera élu romain de bon âge.
Il sera dit que le Saint-Siège il affablit
et longtemps il restera faisant contesté ouvrage. »
(A l'encontre du vieux pape Jean XXIII, Paul VI ne sut jamais
toucher les cœurs.

La corruption sous son règne minera l'image spirituelle du
Saint-Siège qui se trouvera compromis dans des scandales
financiers.)

— *Prédiction de Nostradamus concernant le pape Jean-*
Paul Ier. — Centurie X-12.

« Celui élu pape
des électeurs sera moqué.
Cette entreprenante et prudente
personne soudain sera réduite
au silence.
Pour sa trop grande bonté et douceur
amour condamné.
Frappé de peur, la nuit à sa mort
ils le guident. »

(Le pontificat de Jean-Paul Ier durera trente-trois jours. Pendant ce court passage au Vatican, il saura se faire aimer par sa grande bonté.

En peu de temps, il mettra en péril avec ses réformes ceux qui abuseront de leurs privilèges.)

A la fin de sa série de travaux à Vérone, Nostradamus mit en garde le pape « Pol » (Jean-Paul II venu de Pologne) contre ses ennemis qui voudront le trucider (attentat contre le pape à Rome en mai 1981.)

Il prédit accessoirement le passage d'un astre barbu (la comète de Halley.)

Dans un quatrain rédigé avant son départ de Vérone, Nostradamus écrivait que : « *Sous le règne du pape Pol, le clergé sera menacé par un fléau pire que la peste.* »

Faisait-il allusion au Sida ?

Si l'on en croit les prophéties du mage, après Pie XI, Pie XII, Jean XXIII, Paul VI, Jean-Paul Ier et Jean-Paul II, le trône de Saint-Pierre sera occupé moins d'un an par un faux pape. Ce cent onzième élu devrait s'appeler Clément. Sous son court règne, l'Église connaîtra un schisme provoqué par une curie de réformateurs.

Le dernier des papes s'appellerait Pierre, achevant ainsi un cycle de deux mille ans.

Nostradamus rejoignait une fois de plus Malachie lorsqu'il prédisait que le corps de Pierre, cent douzième et dernier des papes serait traîné à travers Rome tandis que les trésors du Vatican seraient pillés et l'Église réduite à néant.

> « *Celui que peste ni glaive n'ont su*
> *trucider*
> *mourra au sommet d'une colline*
> (Rome en compte sept)
> *du ciel frappé.*
> *L'abbé mourra quand verra ruiner*

ceux du pontificat naufragés s'emparant
du rocher de l'Église.
(Centurie II-56.)

*
**

On sait peu de choses du court passage à Milan de Nostradamus.

« L'archivio del Piemonte » révèle que le mage aimait à s'attarder dans les rues chaudes de la ville.

Pour soigner quelques ribaudes devenues ses amies atteintes d'une maladie pernicieuse venue du sud, il mit au point une décoction à base de champignons.

L'efficace remède les soulagea rapidement. Elles purent ainsi reprendre leurs activités sans contaminer leurs clients.

Certaines voulurent le remercier en payant de leur personne, mais Nostradamus refusa poliment.

A Turin où il arriva à la belle saison, le prophète de Provence passa des contrats de prêts sous toutes les formes avec des bourgeois solvables et des commerçants de la ville ayant pignon sur rue.

Il innova une nouvelle forme d'usure qui consistait à retenir les agios à la base. A qui lui empruntait cinq cents écus, il n'en donnait que quatre cent cinquante contre reconnaissance de dette de cinq cents.

Il prenait grand plaisir à peaufiner de fructueux systèmes de troc, échangeant grain contre pièces de soie, chevaux contre toiles de maîtres, peaux traitées contre animaux exotiques.

Il en tira de bien confortables bénéfices.

Installé dans une très belle maison de pierre de Massa, au numéro 68 de la Via Michele Lessona appelée « Villa Vittoria » dans le quartier résidentiel des bords du Pô, le mage consacra ses temps libres à faire fructifier encore tous ces beaux écus gagnés dans ses commerces.

Il prêta d'importantes sommes à des nobles de la Maison de Savoie qui oublièrent de le rembourser.

Avant de quitter Turin, il composa une plaque qu'il fit apposer au fronton de la maison de la via Michele Lessona :

On pouvait y lire :

> « *Nostre Dame a logé ici,*
> *Où il y a le Paradis, l'Enfer,*
> *Le Purgatoire.*
> *Je m'appelle La Victoire.*
> *Qui m'honore aura la gloire.*
> *Qui me méprise aura*
> *la ruine entière* (1).

Au physique, l'homme n'était pas, à proprement parler un être gracieux.

Petit, large d'épaules avec des jambes graciles, plutôt laid que d'agréable visage avec ses joues grises et émaciées, son crâne rond et saillant, ses yeux jaunâtres, sa petite barbe à deux pointes, son nez cassé comme par un coup de poing, le barbare semblait un roc.

Il tenait à bout de bras, haut par-dessus sa tête, un homme d'une fois et demie sa taille et son poids.

Sans le moindre effort, le trapu à la musculature de titan descendit la via dei Tornabuoni jusqu'au quai di Lungarno della Zecca Vecchia et balança son fardeau, qui se mit à hurler, dans les eaux de l'Arno.

La brute n'avait aucune communauté d'aspect avec l'homme

---

(1) Cette plaque a été récemment dérobée par un inconditionnel de Nostradamus.

que Nostradamus espérait rencontrer à Florence et pourtant c'était bien Maître Michel-Ange.

Sans se soucier du sort de sa victime, Michel-Ange fit demi-tour, se frotta les mains et remonta jusqu'au Palazzo della Signoria.

Nostradamus lui emboîta le pas, le rattrapa aux pieds du cloître de la piazza Santa Croce et l'interpella :

— Seigneur... Votre adversaire s'est peut-être noyé et vous semblez n'en avoir cure.

Sans ralentir le pas, Michel-Ange répondit que le sort de sa victime ne lui importait pas.

Le ton du grand maître d'alors était des plus désagréables et le propos dénué de cœur.

— J'ai parcouru des lieues et des lieues pour vous rencontrer, grogna Nostradamus, je pense avoir eu tort.

Michel-Ange s'arrêta net :

— Qui êtes-vous ? Comment savez-vous qui je suis ? Et pourquoi avez-vous eu tort de vouloir me connaître ?

Le prophète répondit volontiers à cette cascade de questions :

— Je m'appelle Nostradamus, je viens de Provence, je suis médecin-astrologue et prophète à la découverte de tous les trésors italiens. Je sais que vous êtes Michel-Ange parce que je vous ai entendu discourir avec celui qui allait être votre victime. Il vous a nommé à plusieurs reprises ; et j'ai eu tort de vouloir vous rencontrer parce que je découvre que vous êtes un incomparable génie avec un caractère de chien ombrageux alors que je vous imaginais aussi courtois que votre œuvre est grandiose.

Michel-Ange regarda longuement ce presqu'inconnu qui lui disait si vertement son fait.

Décidément, ce Français qui n'avait pas la critique aimable lui plaisait bien.

L'artiste prit Nostradamus par le bras.

— Ce rustre m'a insulté, alors je l'ai jeté à l'eau.

Nostradamus rectifia :

— Je crois avoir souvenance précise de ce que ce malheureux vous a dit. L'homme me semble être un fin connaisseur de l'art de l'époque et vous a opposé au Maître Raphaël à qui il trouvait une précision de dessin, une harmonie souveraine des lignes, des coloris d'une grande délicatesse, une ampleur spatiale pour des expressions toutes nouvelles.

Le prophète ajouta :

— ... ce que l'on ne retrouve pas toujours dans vos peintures.

Le maître toscan s'énerva :

— Mais ce maudit Raphaël n'était que peintre ! Moi, je suis aussi sculpteur, poète, architecte. Regardez autour de vous. Tout dans cette ville respire le génie de Michel-Ange ! Mon « Bacchus » au musée Bargello, mon « David », ma « Pietà », mes deux tombeaux des Médicis, mes statues du tombeau de Jules II et à Rome, mes fresques de la Chapelle Sixtine. Il a fait tout ça, votre Raphaël ?

La colère de Michel-Ange amusait Nostradamus.

— Je vous parle de Raphaël, murmura le mage, et je n'ai pas encore abordé ce que m'inspirent les chefs-d'œuvre del Giotto.

Le peintre poussa le prophète devant lui :

— Venez jusque chez moi, je vais vous montrer ce que c'est qu'un vrai chef-d'œuvre !

Nostradamus suivit Michel-Ange jusqu'à son atelier au fond del Viottolo del Chiodo derrière la chapelle dei Pazzi.

D'un mouvement sec, Michel-Ange poussa la lourde porte de bois.

Au regard ébloui du mage, apparut une grandiose composition de marbre.

Le Maître alla se placer près de la statue à peine terminée :

— Alors ! N'est-ce pas une merveille ? demanda-t-il. Tu as sous les yeux le tombeau de Laurent de Médicis. J'y ai travaillé sept cents nuits et je l'ai terminé à l'aube dernière.

Demain, les faquins viendront le prendre pour qu'il soit à tout jamais la plus belle pièce de Florence dans l'écrin de la chapelle des Médicis...

Nostradamus restait muet d'admiration.

Cruel, avec une pointe d'ironie acerbe, Michel-Ange ajouta :

— Tu crois que Raphaël aurait pu faire ça...? Le mage ne répondit pas.

Michel-Ange emmena Nostradamus souper dans une trattoria anticà près du Palazzo del Arte della Lana.

L'auberge dressait sa façade derrière un rang de figuiers. Le long du mur, grimpait un escalier extérieur.

La salle s'ouvrait sur des voûtes de hautes pierres qui tenaient l'endroit frais.

Autour des mauvaises tables de bois, sur des tabourets branlants, des cardeurs dépensaient leurs écus en ripailles avec des ribaudes peu farouches.

Dans l'immense cheminée, des branches de sapin crépitaient. Bien embroché, un porcelet tournoyait devant les flammes.

Michel-Ange semblait être chez lui.

Deux servantes au décolleté bien offert vinrent l'embrasser.

L'aubergiste se précipita, obséquieux :

— Maître ! Merci de venir encore honorer ma modeste auberge. Mes gens et moi sommes là pour vous satisfaire.

— C'est à mon ami qu'il faut donner satisfaction. Il vient de France et a le palais fin, répondit Michel-Ange.

Attablés devant une cruche de vin de Toscane, le mage et l'artiste s'apprêtaient à faire un délectable repas.

Les paniers de charcutailles et les tranches de polenta faisaient patienter les appétits.

Michel-Ange observa son nouvel ami :

— Ne m'as-tu pas dit que tu étais mage, devin, prophète et sorcier ? Alors, peux-tu me dire de quoi mon demain sera fait ?

Nostradamus vida son gobelet avant de répondre :

— Il te reste deux décennies pour imposer au monde la puissance de tes conceptions. Tes œuvres étonneront l'univers entier par leur caractère grandiose. Tu seras le phare artistique de ton époque, le plus grand, le plus respecté, le plus reconnu. Tu atteindras le sommet de ton art qui sera le reflet d'un monde pessimiste et subjectif.

Et il ajouta en riant :

— Tu seras plus grand que Raphaël !

Michel-Ange le terrible buvait les paroles de Nostradamus comme un doux élixir :

— Sais-tu, prophète, que nous avons un don commun ! Tu lis très loin dans le futur et moi, ma vision de l'histoire est la projection d'une expérience humaine s'étendant sur des lustres.

Dans le bouillonnement, l'exubérance, l'épanouissement du siècle dans lequel nous vivons, je ressens très fort la prémonition exacte des angoisses dans lesquelles les hommes à venir vont devoir se débattre.

La nuit suivante fut une longue tournée qui les mena dans toutes les trattorias, les tavernes et les bouges du quartier Santa Croce.

Au jour naissant, on retrouva Michel-Ange et Nostradamus allongés, ivres morts sur les marches du Palais des Offices.

CHAPITRE
11

A la mi-juillet 1550, Nostradamus revint d'Italie, guéri, semble-t-il, de sa fièvre vagabonde, pour retrouver à Salon-de-Provence, sa femme Anne Ponsard, ses deux enfants Madeleine et César (1) qui ne reconnurent pas leur père. (Il avait laissé pousser sa longue barbe devenue légendaire.)

Le prophète découvrit Charles, son troisième enfant, né durant son périple italien.

Nostradamus reprit vite ses habitudes dans la belle maison du quartier Ferreiroux.

Dans cette demeure familiale naîtront plus tard ses autres enfants : André, Anne et Diane.

Un envoyé du roi venu apporter un pli au comte de Savoie, colporta la nouvelle qu'un ami de jeunesse de Michel de Notre-Dame, Étienne Dolet, brillant humaniste et philologue de renom, simplement reconnu coupable d'avoir trop fait étalage de sa science, avait été pendu et brûlé en 1546 comme suppôt de Satan en place Maubert.

(1) César de Notre-Dame fut le premier Consul de Salon en 1598. Il se maria avec Claire de Guignan en 1604. Il publia une « Histoire et Chroniques de Provence » en 1614 chez le libraire de son père à Lyon, Benoist Rigaud. Le fils préféré de Nostradamus publia également « Poésies » chez Colomiez à Toulouse et « Entrée de la Reine Marie de Médicis en sa ville de Salon » chez Jean Tholosan à Aix-en-Provence. Il est mort de la peste en 1630, sans postérité.

Ainsi, l'Inquisition condamnait en bloc les sorciers, les envoyés du diable, les magiciens et les astrologues.

Impossible de passer au travers des filets tendus par le sanguinaire seigneur de Croixmart, grand Juge prévôtal qui faisait rechercher tous ceux convaincus d'alliance avec les agents du Malin.

Il s'était instauré à travers tout le royaume une armée de délateurs qui pensaient se mettre à l'abri des archers du Prévôt en dénonçant leurs voisins.

La psychose était contagieuse et, rapidement, tout le monde fut persuadé que ne pas dénoncer les suppôts de l'enfer, c'était s'exposer à être condamné à ramer sur les galères royales.

Les hommes d'armes du roi faisaient la chasse aux mécréants.

Tous les irréligieux étaient menacés : Les nécromants qui interrogeaient les âmes des enfers aussi bien que les lécanomants qui examinaient l'huile bouillante contenue dans des fioles de verre ; les crystalomants qui lisaient l'avenir dans les miroirs, aussi bien que les dactylomants qui se servaient d'anneaux magiques, ou les onychomants qui lisaient le futur sur l'ongle d'un adolescent vierge frotté à l'huile de suie ; les céphaldénomants qui interrogeaient la tête d'un âne rôtie sur des charbons ardents, aussi bien que les ostragalomants qui faisaient magie avec osselets et dés, les tiromants qui lisaient dans le fromage, les botonomants et les daphtinomants qui étudiaient la réaction des plantes et tous ceux qui scrutaient l'encens, les cendres ou la cire fondue (1).

L'astrologue Nostradamus tenta de dissimuler ses activités de prophète derrière Nostradamus le médecin pour ne pas éveiller les soupçons de la sainte Inquisition.

Pour se « blanchir », il ira même jusqu'à faire précéder la sixième « Centurie » d'un quatrain rédigé en clair dans lequel il

(1) Philippe Guilhaume : « Exploitation séculaire d'un fonds de commerce ».

maudit tous ses confrères présents et futurs qui se risqueraient à mal interpréter ses prognostications :

« Ceux qui lisent ces vers y réfléchissent mûrement. Que le vulgaire et le profane n'en approchent pas. Amène tous les astrologues, les sots et les barbares. Que celui qui agit autrement soit maudit selon les rites. »

Dans sa belle maison, Nostradamus se bornera donc pour un temps, à une activité simplement médicale. Même si sa pratique se faisait essentiellement par l'étude du ciel (1).

Sous le nom d'astrologie médicale, la médecine de l'époque apparaissait comme une science rationnelle.

Elle présentait un net progrès, bien plus crédible que les superstitions du passé, notamment plus accessible que l'obscure magie, dénuée de toute valeur aux yeux des médicamenteux savants du temps.

Nostradamus se désignait lui-même comme médecin-astrophile.

Il assurait que toutes les parties du corps étaient gouvernées par les astres et qu'elles demeuraient jusqu'à la mort venue sous l'influence des planètes et des constellations.

Pour Nostradamus, la tête était gérée par le Soleil, le bras droit par la Lune, le bras gauche par Vénus, l'estomac par Jupiter, les organes sexuels par Mars, le pied gauche par Saturne et le pied droit par Mercure.

Aux yeux du mage, les astres devaient déterminer aussi toutes les activités du monde.

La vie était prédominée par Saturne, la guerre par Mars, les amours par Vénus, les maladies par Mercure, les blessures, les épidémies et les rêves par la Lune.

Nostradamus était arrivé à la conclusion que chaque fois que planètes et astres se retrouvaient à la même place dans le ciel, ils se recyclaient dans le même cours des choses.

(1) Louis Gimon : « Archives de Salon-de-Provence ».

Partant de ces données, le mage pouvait conditionner les horoscopes et, avec l'étude de ceux-ci, légitimer l'astrologie médicale, l'astrologie judiciaire et toutes les prévisions d'avenir.

Pour étayer ses thèses, Nostradamus donnait un exemple : Lorsque Saturne prédominant la vie, se conjoignait avec la Lune, opérant sur les blessures, les épidémies et les rêves, cela pouvait donner lieu à des apoplexies, paralysies, épilepsies, jaunisses, cataposies, catalepsies et toutes maladies causées d'humeurs froides (1).

A la vérité, Nostradamus prophétisait bien des choses sans recourir pour autant à l'astrolabe.

C'est ainsi qu'un jour, de grand matin, il alla sur sa terrasse et regardant le ciel, il s'écria :

« Il y aura bonne chance de belles récoltes pour ceux qui sèmeront leurs fèves aujourd'hui. »

Un cultivateur qui passait en contrebas, entendit le pronostic du mage et s'empressa d'aller ensemencer son champ. Il s'ensuivit une très abondante récolte de fèves et, par reconnaissance, le paysan en fit porter un plein boisseau au devin.

Par la suite, l'homme de la campagne eut beaucoup d'imitateurs.

Les nobles d'alentour comme les roturiers de la ville, les laboureurs, les jardiniers, les hommes de ferme et les ménagers accablèrent Nostradamus de visites pour qu'il leur dise le temps qu'il allait faire et les jours propices à l'ensemencement.

Pour répondre à toutes les questions qui lui étaient posées sur la météorologie et le cycle des saisons, le devin composa un petit livre qu'il intitula : « L'Almanach pour l'Année de Nostradamus. »

(1) Sieur de la Martinière : « Le Prognosticateur charitable. » Imprimerie : M. Duhan, Lyon (1566).

Médecin, astrophile, guérisseur, devin, apothicaire, chercheur machiavélique et maintenant faiseur d'almanachs, Nostradamus vit sa solide réputation de savant prendre plus grande ampleur encore auprès des habitants de Salon.

Toutes les raisons étaient bonnes pour venir demander consultation au mage. Même pour les choses les plus futiles.

— Quel prénom de bon présage donner à mon enfant qui va naître ?

— Dois-je planter des asperges sur mon coteau ou continuer la vigne ?

— Vivrais-je vieux ?

— Ma femme est-elle fidèle ?

Le maire de Salon-de-Provence le priait régulièrement de lui rédiger le compliment de bienvenue lorsqu'il devait accueillir quelque grand venu de Paris.

L'évêque de Marseille qui devait inaugurer une fontaine jouxtant la cathédrale le pria de composer une inscription :

— Quelque chose que nos ouailles retiendront aisément.

Facétieux, Nostradamus fit graver sur la fontaine :

« Si humano ingenio perpetuo sallonae cidib.
Parari vina potvisset
non amoenum quem cernitis fotem aquarum.
S.P.Q. Salon.
Magna impensa non adduxisset dicta.
N. Palamede Marco. et Anton.
Paulo coss M. Nostradamus diis immortalibus ob saloneses. »
M.D. LIII

Ce qui voulait à peu près dire :

« Si, par un effet de l'humaine industrie, le Sénat et les magistrats de Salon avaient pu fournir à perpétuité du vin à leurs concitoyens, ils n'auraient pas dû dresser, à grands frais, sous le Consulat d'Antoine Paul et de Palamède Marc, la médiocre fontaine d'eau que l'on aperçoit ici. Aux dieux immortels, Michel Nostradamus pour les gens de Salon. 1553. »

En décembre 1553, Nostradamus reçut un paysan de Sénas qui lui amenait un enfant né avec deux têtes. Quelque temps après, un autre paysan d'Aurons, celui-là, vint lui montrer un chevreau blanc né également avec deux têtes.

Le mage prédit que ces naissances monstrueuses annonçaient l'approche d'une guerre de religion qui allait sévir comme une hydre à double gueule.

Entre 1562 et 1598, il n'y eut pas moins de huit guerres de religion : L'Édit d'Amboise marqua la première. La paix de Longjumeau scella la deuxième. Les batailles de Jarnac et de Moncontour (1569) furent le point culminant de la troisième. Quant à la quatrième, elle connut l'horreur du massacre de la Saint-Barthélemy en 1572. La cinquième fut marquée par la « Paix de Monsieur » (1576). La sixième fut l'occasion de la constitution de la Ligue. La septième fut dénommée « La guerre dite des Amoureux ». La huitième mit enfin avec la signature de l'Édit de Nantes (1598) un terme à ces sanglants affrontements.

En février 1554, un jeune homme, Jean Aymes de Chavigny se présenta à Salon-de-Provence chez Maître Nostradamus.

Il souhaitait apprendre l'astrologie et étudier les planètes pour s'adonner au mystère des prophéties.

Le maître écouta le jeune homme énumérer ses vœux avec grande conviction et enthousiasme.

Séduit par ce garçon aux yeux de feu, le mage l'installa sous son toit dans une chambre mansardée du second étage.

Il fallut bien peu de temps à l'entreprenant Chavigny pour devenir le secrétaire dévoué et l'indispensable disciple du mage.

Pour venir se mettre au service du devin, Jean Aymes de Chavigny avait délaissé une carrière prometteuse dans la politique.

Bien en cour dès son plus jeune âge, le roi François 1er lui avait donné consigne d'accompagner Jacques Cartier dans son périple vers le Nouveau Monde.

Avec quelques colons et le navigateur Malouin, Jean Aymes avait débarqué au Canada en 1542. Il en était revenu chargé de gloire et de ce mystère qu'on ne trouve que dans les yeux de ceux qui ont connu l'aventure du découvrir.

A Gaspé, Jean Aymes avait rencontré un vieil Indien qui savait lire dans les plantes et dans les étoiles. Le chef Aflow — ou Afo — devinait le temps en observant l'eau qui descendait de la montagne. Il guérissait les siens en leur appliquant de la terre mouillée sur les blessures... et disait récupérer l'âme des morts pour la transmettre à ceux qui naissaient.

Depuis sa rencontre avec le vieil Indien, Jean Aymes ne rêvait que d'apprendre à lire dans le ciel et à deviner le futur.

A Paris, quelques nobles initiés lui parlèrent de Nostradamus et de son étrange pouvoir. Il décida d'abandonner les intrigues de cour qui pouvaient le mener bien haut parmi les privilégiés de l'État pour aller rencontrer l'homme pour qui l'avenir n'avait pas de secrets.

Jour après jour, le jeune Chavigny notait sur un grand livre de parchemin les faits et gestes, les commentaires, les travaux de son nouveau et vénéré maître auquel il vouait une admiration de plus en plus grandissante.

Jean Aymes de Chavigny tenait à jour le calendrier du mage, car si Nostradamus avait des dons extraordinaires de voyance et de prophétisme, s'il pouvait lire les lendemains de ses conci-toyens, il perdait toute mémoire lorsqu'il s'agissait de ses activités et de ses accointances.

De peur qu'il ne les égarât, Chavigny recopiait tous les calculs et toutes les données venues à l'esprit du maître.

C'est ainsi que dans les Archives vaticanes on a pu retrouver deux tracés identiques des travaux de Nostradamus sur les orbites elliptiques des planètes dans certains horoscopes établis par le prophète. En particulier de celui de Kepler que le mage établit alors que l'astronome allemand qui devait découvrir que les orbites planétaires n'étaient pas circulaires, n'avait pas encore vu le jour.

Un tracé est de la main de Nostradamus. L'autre en est la copie fidèle faite par Chavigny.

Après la parution de son premier almanach et le succès obtenu par sa diffusion, Nostradamus décida de récidiver et de produire annuellement des prognostications et des prophéties dans ses almanachs.

Il annonça à Chavigny son intention d'écrire un ouvrage fondamental réunissant les diverses possibilités de l'avenir de l'homme jusqu'à la fin des temps.

Le livre serait partagé en dix volumes appelés « Centuries », chacun comprenant une centaine de quatrains et, au total, représentant une « Milliade » de prédictions pour l'ensemble de l'œuvre.

Déjà, le mage pensait y incorporer les prophéties qu'il avait réunies à Vérone sur les huit derniers papes de l'histoire du Vatican.

Y seraient également en bonne place, toutes celles qui avaient trait au petit homme qu'il avait précieusement notées en Corsica, en Égypte, à l'Isola d'Elba...

Il entreprit la réalisation de ce terrible travail la nuit du vendredi saint 1554.

L'enthousiasme de Nostradamus était à son comble.

Lorsqu'il se décidait enfin à sortir de son bureau, au matin naissant, les yeux embrumés par les transes divinatoires de la nuit, il était comme en état second.

Les premiers almanachs du devin avaient préparé la voie et leurs fidèles lecteurs déjà fort nombreux devaient assurer le succès de ses « Centuries ».

Mais il en retarda la parution longtemps, estimant que la nouveauté en la matière susciterait d'infinies détractions, calomnies et morsures plus que venimeuses à son égard.

A la fin, vaincu par le désir qu'il avait d'être utile au public, il les mit en lumière.

Le commencement du texte allant de la première « Centurie » jusqu'à la quatrième fut publié à Lyon en mars 1555 chez le libraire Benoist Rigaud avec une longue préface dédiée à son fils César alors âgé de deux ans à peine.

Cette préface sous forme de « Lettre à mon premier Fils » que César de Notre-Dame reproduira dans son « Histoire et Chroniques de Provence » est un long aveu des procédés du prophète et un véritable avertissement à celui qui deviendra son futur et plus fidèle traducteur. Écrite en vieux français avec de longues tirades en provençal la « Lettre à mon premier Fils » a été remarquablement adaptée en langage courant par Jean de Kerdeland. Dans cette longue missive, Nostradamus écrit notamment à son fils :

« Ta naissance tardive, César de Notre-Dame mon fils, m'a décidé à coucher sur le papier le résultat de mes longues vigilations nocturnes, afin de t'en laisser la mémoire ; ainsi pourront les hommes, après la mort corporelle de ton géniteur, tirer profits des choses divines qui lui ont été révélées par les révolutions astrales.

Cependant, je n'ai pas voulu, à cause des persécutions qui pourraient m'advenir, écrire clairement les événements que je prévois pour le futur. En effet, les royaumes et les religions subiront des bouleversements d'une telle ampleur que si je venais à l'annoncer dès à présent, ceux des diverses parties, religions et croyances en seraient offusqués et condamneraient ce qu'ils ne réussiront point à empêcher.

De plus, j'ai médité cette parole du vrai Dieu :

« *Ne donnez pas les choses saintes en pâture aux chiens et ne semez pas de perles devant les pourceaux, de peur qu'ils ne les foulent aux pieds et se retournent contre vous pour vous mettre en pièces.* » (Matthieu, VII, 6). Ce qui m'a décidé à retirer ma langue au vulgaire et ma plume au papier. J'ai donc prédit l'universel changement du monde et tous les événements futurs, même les plus importants en phases abstruses et pleines d'obscurités, de façon à ne scandaliser aucune oreille, fût-elle des plus chaleureuses. J'ai écrit sous forme nébuleuse, plus encore que prophétique, me souvenant que Dieu a dit : « « *Tu as caché ces choses aux savants et aux politiques, c'est-à-dire, aux puissants et aux rois ; Mais tu les as révélées aux simples et aux faibles.* » (Matthieu XI, 25).

Voilà pourquoi, mon fils, nonobstant ton cerveau encore tendre, tu peux parfaitement comprendre qu'on parvienne à prophétiser les événements futurs par les nocturnes et célestes lumières des astres qui sont naturelles, secondées par l'esprit de prophétie. Non que je prétende être désigné pour vrai prophète et en avoir la puissance ; je suis pécheur, plus grand que nul au monde, et sujet à toutes les humaines faiblesses, mais je puis cependant ne pas me tromper, ni faillir, ni m'en laisser conter. Il m'arrive, parfois pendant une semaine entière d'être possédé par l'influx divin ; aussi en ajoutant de longs calculs nocturnes et beaucoup d'huile de ma lampe, j'ai composé des livres de prophéties qui contiennent chacun cent quatrains astronomiques ; je les ai mis bout à bout quelque peu obscurément, mais ils sont constantes prognostications jusqu'en l'an 3797.

Nous sommes actuellement sous le signe de la Lune ; avant qu'elle ait parachevé son cycle, le Soleil viendra, puis Saturne ; or, les signes célestes nous apprennent que le retour de Saturne annonce une révolution dévastatrice. Avant cent soixante-dix-sept ans, trois mois, onze jours, les pestilences, les famines et les guerres réduiront tellement le monde que l'on n'y trouvera plus personne qui veuille cultiver les champs, lesquels resteront en friche aussi longtemps qu'ils ont été labourés. Puis, viendra le moment où le grand Dieu éternel parachèvera la révolution ; les astres retourneront leur mouvement et la terre ferme viendra à manquer sous nos pieds — mais cela quand Sa Volonté sera faite et non pas avant.

J'en finis, mon fils, reçois donc ce don de ton père Michel Nostradamus, qui espère t'expliquer lui-même un jour chacune des prophéties contenues dans les quatrains ci-après. Je prie Dieu immortel qu'il te veuille prêter vie longue, en bonne et prospère félicité. »

C'est en décembre de la même année que parurent en librairie, les cinquième, sixième et septième « Centuries ».

CHAPITRE
12

Désireux de se rendre à Paris pour jouir de l'intérêt qu'avait suscité la parution des sept premières « Centuries », Nostradamus prépara son coffre, ce qui laissait prévoir un séjour de longue durée.

Il avait appris par des colporteurs de nouvelles que ses premières prophéties avaient été diversement appréciées à la cour du roi Henri II.

D'après ces informateurs, certains courtisans disaient de Nostradamus qu'il était un génie, mais d'autres assuraient qu'il était le diable en personne.

Nostradamus, plus curieux qu'inquiet fit équiper un carrosse tiré par quatre robustes chevaux et prit la route du nord.

Sur le chemin, le mage voulait s'attarder à Lyon afin de remettre à son libraire, le manuscrit de son « Traité des Fardements et Confitures ».

Ce confortable voyage excitait beaucoup Nostradamus et lui procurait des sensations contradictoires.

Si, dans le beau monde on attendait l'auteur des « Centuries » avec une curiosité plutôt positive, les vilains détracteurs voyaient en lui l'instrument de Satan. Certains le jugeaient comme un prophète hors du commun, d'autres interprétaient ses quatrains comme un charabia obscur et énigmatique tout droit sorti des fourches de Lucifer.

Les médecins de façon générale le louaient.

Les philosophes le traînaient dans la boue.

Les poètes ne savaient que penser. Certains s'émerveillaient, d'autres restaient perplexes devant l'intrigue que présentaient ses vers rédigés par énigmes ou anagrammes, souvent écrits à l'envers dans un galimatias d'idiomes divers et confondus.

Nostradamus était persuadé qu'on allait lui faire un mauvais parti à la cour du roi Henri II.

A son fils César à qui il continuait d'écrire régulièrement malgré son très jeune âge, il disait qu'il se sentait « en grand danger d'avoir la tête coupée ou le corps réduit en cendres avant le vingt-cinquième jour de l'août suivant ».

Heureusement pour Nostradamus cette prédiction ne se réalisa pas.

Une fin d'après-midi chargée d'orage, le carrosse du devin arriva à Tournon en Ardèche.

Le prophète se sentait fatigué et demanda à son cocher de faire halte.

Le paysage sur la corniche surplombant le Rhône était splendide malgré le ciel lourd.

Nostradamus prit possession de la plus jolie chambre de l'auberge Saint-Julien.

Se sentant oppressé, il descendit s'installer à une table devant l'entrée.

Une servante souriante vint lui apporter un pichet de vin du Rhône.

Mais il n'y goûta point.

Le mage sentait la fièvre monter en lui.

Son front ruisselait de mauvaise sueur.

Sa main sous son pourpoint entrouvert incrustait ses ongles dans sa poitrine à la hauteur du cœur.

Il y avait dans sa tête un chaos vertigineux de pensées tourbillonnantes. Il voyait la gloire, la mort, la puissance, le désespoir.

Et puis, le calme revint soudain.

La fièvre tomba, la sueur lui faisait froid au front.

Après une longue inspiration, il éprouva l'envie de boire ce bon vin de pays.

Alors qu'il vidait calmement son gobelet, la lourde porte de la chapelle, de l'autre côté de la place, s'ouvrit et il en sortit deux paysans portant une chaise haute sur laquelle était assise une jeune fille.

L'enfant était jolie, pâlotte et devait avoir une quinzaine d'années. De très beaux cheveux blonds tombaient sur ses épaules en larges volutes.

A côté de la chaise, attentive aux moindres chaos, une petite vieille trottinait, le visage ravagé par les larmes.

Nostradamus fixait la scène d'un regard perçant.

Il murmura soudain :

— Mon Dieu! Pourquoi tant de douleur? Il se leva tout d'une pièce et balbutia :

— Il faut que je conjure cette douleur. Il faut que je rende à ces braves gens leur part de félicité !

Il appela l'aubergiste et lui demanda :

— Cette jeune fille est paralysée n'est-ce pas?

— Oui, répondit le tenancier. Cette petite est la protégée de Monseigneur de Tournon. Il la fait conduire tous les matins en compagnie de sa grand-mère à la chapelle en espérant que les prières à la Sainte Vierge la guériront.

La situation intriguait Nostradamus :

— Et qui est ce Monseigneur de Tournon, demanda-t-il?

L'aubergiste, heureux de pouvoir bavarder avec ce client de si bonne tenue s'installa tout de go à la table du devin.

— Notre seigneur, le cardinal de Tournon est archevêque d'Embrun. Ici, toute la ville est en fête parce que notre maître

vient d'être nommé lieutenant général de monsieur le connétable de Montmorency.

Nostradamus porta son gobelet à ses lèvres. L'aubergiste lui
retint le bras.

— Oh, non, Monseigneur, vous n'allez pas boire ce gratte-
gorge pour mécréants. Il se tourna vers l'entrée de l'auberge et
appela :

— Grisette ! Apporte-nous un pichet du vin de mon tonneau
avec quelques cochonnailles et une boule de pain.

Revenant à Nostradamus :

— Vous allez m'en dire des nouvelles. La servante fit
diligence pour apporter le vin et les bonnes victuailles.

Nostradamus voulait rester sur son sujet :

— Et ce Monsieur de Tournon, il est ici actuellement ?

— Bien sûr ! La fête n'est pas qu'en ville. Elle sera ce soir au
château de notre maître avec des musiciens venus de Suisse et
des chantres de Lyon.

— Ce palais là-bas qui surplombe le Rhône ?

— C'est le palais des Tournon. On va y danser et y ripailler
toute la nuit. Dommage que la Vierge n'ait pas encore voulu
guérir la petite, la joie serait à son comble. Nostradamus
réfléchit un temps avant d'assurer :

— Cette gamine est immobilisée dans sa chaise depuis deux
ans.

L'aubergiste ne cacha pas sa surprise :

— Oui, monsieur, tout juste deux ans ce mois-ci. Mais
comment le savez-vous ?

Le mage ne répondit pas.

L'orage qui menaçait éclata soudain.

L'aubergiste conseilla à Nostradamus de rentrer se mettre à
l'abri dans la maison.

Négligeant le conseil, le prophète s'avança vers la chaise que
les porteurs avaient ramenée sous l'auvent de la chapelle pour
protéger la gamine de la pluie.

Un petit groupe de paysans et de bourgeois de Tournon en firent autant.

Quelques gardes du château du cardinal s'étaient également approchés.

Dans ce groupe se tenait Maître Pézenac, chef de la police royale pour Tournon.

Le policier était en discussion animée avec un moine qui venait de sortir du palais cardinal.

Le moine était impressionnant de grandeur.

Il était mince, sec et droit. Son visage bruni par le soleil présentait de hautes pommettes. L'attitude du prélat était noble et révélait l'élégant cavalier qu'il avait dû être.

Seul le regard d'un gris d'acier enlevait toute chaleur au personnage.

Se retrouvant près de la chapelle, les femmes présentes se mirent à genoux, voulant par ce geste, faire une autre pieuse tentative pour apitoyer la Vierge et sauver la gamine.

Une vieille, près de Nostradamus, voyant en lui un étranger curieux, lui expliqua sans qu'il ne demandât rien, que la petite Huberte, gaie, enjouée, si jolie et si rieuse était l'adoration de toute la ville.

Filleule de Monseigneur de Tournon, la jeune fille avait rendu visite, deux ans auparavant, à une vieille dame paralysée de la basse ville pour la réconforter et lui apporter quelques subsides de la part du cardinal de Tournon.

En sortant de chez cette malade, la jeune Huberte fut prise d'étranges malaises.

Le lendemain, la gamine tenta en vain de se lever.

Depuis, Huberte était paralysée des deux jambes et de tout le corps. Seules les mains et la tête conservaient toute vie.

De son côté, Maître Pézenac faisait à peu près les mêmes révélations au moine attentif.

— Monseigneur donnerait beaucoup pour que la vie

reprenne possession de ce joli corps immobile, conclut le policier.

Nostradamus s'approcha soudain des deux porteurs et leur ordonna de s'écarter.

Subjugués par le regard de cet inconnu, les paysans obtempérèrent.

Les curieux se rapprochèrent.

Tous les yeux étaient fixés sur cet étrange voyageur dont le visage, à cet instant, dégageait un vif rayonnement.

Nostradamus se pencha vers la petite Huberte et lui prit la main.

Avec beaucoup de douceur, il lui ordonna :

— Mon enfant ! Regardez-moi.

La jolie gamine obéit et, peu à peu, sur le visage pâlot de l'infirme apparut une expression de confiance infinie.

Sans lâcher la main de la jeune fille, Nostradamus se pencha vers son oreille et lui murmura :

— Maintenant, vous allez vous lever et marcher.

L'instant d'après, une rumeur, puis des cris de stupeur s'élevèrent de la foule qui assistait à ce miracle fabuleux, impossible : La jolie Huberte s'était levée et, d'un pas mal assuré, appuyée sur la main du prophète, elle s'était mise à marcher vers la chapelle.

Du groupe de curieux toujours sous le choc, une acclamation d'admiration éperdue s'éleva.

A quelques pas de là, le grand moine se pencha pour glisser un mot à l'oreille de Maître Pézenac.

Le chef de la police royale de Tournon fit un signe à l'homme qui dirigeait les gardes.

A l'instant où Nostradamus, indifférent à l'enthousiasme de la foule regagnait l'auberge, il fut empoigné, soulevé et emporté par une demi-douzaine de gaillards en armes.

Les paysans et les bourgeois qui avaient assisté au miracle tentaient d'interpréter l'intervention de la garde...

— C'est un démon...

— Ou un sorcier...

— C'est un envoyé de Dieu...

— Il a pactisé avec le Diable...

Un vieux paysan tout racorni se planta face au mage et, dressant l'index et l'annulaire en forme de fourche démoniaque vers le visage de science, il éructa des « Satan... Satan... Satan ! » jusqu'à épuisement.

Encadré par les six soldats, Nostradamus fut emmené au château de Monseigneur de Tournon. Sans qu'on daignât lui donner la moindre explication, il fut enfermé dans un cachot suintant d'humidité dans la plus profonde des caves.

Ses chevilles furent enchaînées à deux gros anneaux scellés au sol.

Ce n'est qu'après minuit que la porte du cul-de-basse-fosse, grinçant sur ses gonds, s'ouvrit, laissant le passage au moine au regard d'acier aperçu devant la chapelle.

L'homme en longue soutane grise fit le signe de la croix et se laissa tomber sur le bas flanc face à Nostradamus.

— Jeune homme, dit le moine, je ne suis qu'un pauvre moine qu'on appelle Don Ignace et qui vous veut du bien. Expliquez-moi quel genre de sortilège vous avez employé pour rendre ses jambes à cette petite malheureuse et je vous promets d'employer en votre faveur tout mon crédit et, malgré ma modeste condition, croyez-moi, il est grand.

Nostradamus étudiait l'homme qui était devant lui et s'exprimait avec un curieux accent. Ses mains s'agitaient en permanence et sa jambe droite était en perpétuel mouvement de nervosité.

— Messire, demanda Nostradamus, voulez-vous me faire la grâce de me dire très précisément qui vous êtes ?

— Je vous l'ai dit, répondit le moine, on m'appelle Don Ignace mais j'ai été gentilhomme autrefois et mes gens m'appelaient Sire de Loyola.

Le visage de Nostradamus s'éclaira :

— Ignace de Loyola ! Je savais vous connaître. Non votre visage, mais vos écrits. Je connais de mémoire votre guide des méditations systématiques qu'on nomme « Exercices spirituels ».

Le moine daigna sourire :

— Vous me voyez comblé de découvrir en vous un fin érudit. Mes lecteurs sont fort rares. Je ne dois vous en apprécier que plus et mon souhait de vous venir en aide s'en trouve décuplé.

— Je bénis le ciel — ajouta Nostradamus — d'avoir affaire à vous plutôt qu'à un quelconque moine ignorant. Maintenant, dites-moi, je vous prie, de quelle manière vous comptez user de votre crédit en ma faveur ?

Le calme avec lequel s'exprimait Nostradamus plongeait Ignace de Loyola dans un abîme de réflexion : « Seul l'enfer peut donner une pareille force. Moi, malgré ma grande piété, je n'ai jamais pu obtenir même vigueur de mon Dieu. »

Le moine se leva et se mit à arpenter la minuscule cellule de long en large.

Il s'arrêta devant le prophète enchaîné pour lui lancer :

— Vous connaissez les édits royaux qui régissent la sorcellerie. Parlez-moi franc et moi, je parlerai au roi pour vous éviter le bûcher et la torture. Dans le pire des cas, je vous obtiendrai la décapitation ou la corde.

— Rendre la vie à une pauvre enfant, le bonheur à tous les siens, est-ce un mal ? s'écria le mage.

— Non ! Bien sûr, mais encore faut-il que ce bonheur vienne du ciel. S'il vient de l'enfer c'est l'œuvre d'un suppôt. Moi, je veux simplement savoir quel maléfice vous avez employé pour faire ce miracle. Vous voyez, conclut le moine, que ma requête est bien peu de chose.

— Messire, il n'y a pas de miracle. Juste un peu d'observation. Cette petite gamine n'était pas plus paralysée que vous et moi. J'ai tout de suite vu en elle une nature dominée par l'imagination. Je l'ai sue capable de feindre la maladie. Je n'ai eu qu'à lui rendre sa confiance en elle et qu'à lui inspirer de la confiance en moi pour qu'elle oublie les liens factices qui l'enchaînaient à sa chaise et qu'elle marche.

Ignace de Loyola demeurait incrédule.

— Je ne crois pas un mot de toutes ces impostures. Je constate votre refus de me confier le sortilège que vous avez employé. Vous ne sortirez d'ici que lorsque vous m'aurez montré le pacte que vous avez signé avec le Diable et qui vous permet de faire marcher les paralytiques.

Le moine cessa d'aller et venir et d'un poing nerveux, frappa à la porte du cachot pour qu'on lui ouvre.

Quelques instants plus tard, l'obscurité totale prit possession du cul-de-basse-fosse.

Le 17 du mois d'août, les troupes du roi Henri II à la tête desquelles les princes François et Henri caracolaient de concert, entrèrent à Tournon.

L'arrière-garde des troupes royales se proposait de rejoindre le connétable Anne de Montmorency qui avait précipité sa marche forcée jusqu'aux Alpes où il voulait attaquer Charles Quint.

Suivant les troupes de sa Majesté, il était habituel que les grandes dames de la cour retrouvent les officiers à l'étape.

Parmi les belles de la noblesse qui brelaudaient (1) dans les carrosses tendus de velours et de brocard, il y avait Catherine de Médicis, la mère des deux frères guerriers.

Diane de Poitiers, la maîtresse très officielle du roi Henri II n'ayant pas voulu quitter Paris, clouée au lit par une irritation des cordes vocales, Catherine régnait seule sur une véritable armée en jupons.

_____

(1) Brelauder : jacasser.

Au bivouac, les logements se faisaient avec une belle ordonnance.

Les gentilshommes occupaient les maisons des riches bourgeois et des nobles de Tournon. Les belles de la cour les accompagnaient et partageaient leur demeure et leur lit.

Le dauphin François et son jeune frère Henri furent installés avec leur mère au palais du cardinal archevêque d'Embrun par le chef de la police royale Maître Pézenac.

On devait, dès le lendemain aux premières heures de l'aube se remettre en route.

Contrairement à l'ordinaire, au souper, le dauphin François dîna peu et resta sombre et silencieux.

Vers sept heures du matin, les chevaux piaffaient dans la cour du château. Le cor appelait les retardataires.

Tout le monde était sur le départ, sauf le dauphin François.

Vers dix heures, le prince Henri apparut sur le parvis.

D'une voix brisée, il annonça que son bien-aimé frère, atteint d'un mal inconnu lui avait donné l'ordre de prendre le commandement et de continuer la route.

— Rassurez-vous, lança Henri aux officiers consternés, les médecins m'ont assuré que cela ne présentait aucun caractère de gravité et que mon frère nous rejoindrait bientôt.

Quelques instants auparavant, Henri, au chevet de son aîné avait refusé de le quitter.

— Il n'est pas question, mon frère, que je prenne le commandement vous sachant mal en point.

— Monsieur, répondit le dauphin François d'une voix brisée par la douleur, vous allez prendre la tête de nos troupes et marcher au Roi. Je ne veux pas que, pour un petit malaise passager, il y ait retard dans nos opérations. Vous direz au Roi que je vous rejoindrai demain ou dans deux jours au plus tard.

Henri tenta de persuader son aîné :

— Et si le Roi, notre père, me demande pourquoi j'ai

abandonné mon frère le dauphin malade au lieu de demeurer près de lui...

— Vous répondrez que vous avez obéi à votre chef !

Au chevet du dauphin, le médecin personnel de François et le médecin du Roi dépêché d'urgence conclurent à un diagnostic commun : Le malade était atteint d'un mal inconnu mais probablement bénin.

Brusquement, vers quatre heures de l'après-midi, une violente poussée de fièvre se déclara. D'autres malaises survinrent et le ventre du dauphin se mit à gonfler.

Les deux praticiens, penchés sur le malade, se regardèrent avec épouvante : sur le visage de François la peau prenait couleur de mort.

Catherine de Médicis restée près de son fils, ne cachait plus son désarroi. Elle tenait fort la main de François comme pour lui insuffler un peu de sa chaleur.

Dans la soirée, quelqu'un fit irruption dans la chambre et s'écria :

— Monseigneur, écoutez-moi. Vous n'allez pas mourir.

— Qui êtes-vous ? demanda le dauphin dans un souffle.

— Je m'appelle Anselme Pézenac. Je suis le chef de la police royale de Tournon. Je sais un moyen de vous sauver.

Tous entourèrent cet homme qui se proposait de sauver le prince moribond.

Catherine de Médicis se jeta à ses pieds.

— Tout, faites tout pour me rendre mon fils !

Maître Pézenac aida la reine à se relever et lui murmura :

— Madame. Il y a quelque temps sur les ordres du très Saint et très Révérend père Ignace de Loyola, j'ai arrêté un homme qui est prisonnier dans un cachot de ce palais. Je puis vous révéler les raisons de cette incarcération. Une jeune fille de cette ville, Huguette Chassagne, filleule de Monseigneur l'archevêque d'Embrun était paralysée des membres depuis deux ans. Cent témoins peuvent attester de ce que je vais vous dire. L'homme qui est entravé dans un cul-de-basse-fosse s'est approché de la petite malade, l'a regardée longuement et lui a ordonné de se lever. Aussitôt la petite infirme s'est mise à marcher comme vous et moi. Depuis ce jour, dès qu'il y a par la ville un malade déclaré incurable, je le conduis discrètement au cachot de ce guérisseur et le malade réapparaît, guéri.

Les uns appelle le prisonnier « le sorcier », d'autres « le diable », mais d'où qu'il vienne, du ciel où de l'enfer, il fait des miracles. Madame, voulez-vous que cet homme vienne voir Monseigneur le dauphin ?

C'est François qui, dans un effort extrême, se mit à crier :

— Qu'on l'amène au plus tôt... vite... je meurs... !

Quelques minutes plus tard, les gentilhommes de l'antichambre s'écartèrent avec épouvante devant cet homme en haillons qui semblait remonter des profondeurs de l'enfer.

Sale, sentant les mauvaises odeurs, hirsute, le visage émacié et la barbe pleine de poux, Nostradamus s'avançait d'un pas mal assuré. Ses pieds, meurtris par plusieurs semaines d'entraves lui faisaient affreusement mal.

Les yeux enfoncés sous l'orbite d'où jaillissaient un insoutenable éclat et les joues creusées par la malnutrition lui donnaient un profil diabolique.

Nostradamus pénétra dans la chambre du dauphin déjà en proie au délire.

— Que tout le monde sorte, ordonna-t-il.

Instantanément, la chambre princière se vida.

Nostradamus marcha lentement vers la couche du prince. Une flamme intense fusait de ses yeux.

Il se pencha sur le malade et l'examina longuement.

Sur son oreiller trempé de sueur, le dauphin François hocha la tête avec une infinie douleur. Ce n'était plus l'orgueilleux prince de France, ce n'était qu'un malheureux malade frôlé par le souffle de la mort.

Nostradamus prit dans sa main crasseuse la main du moribond et murmura :

— Regardez-moi, Monseigneur, ayez confiance.

— J'ai confiance, râla le dauphin.

Nostradamus se pencha davantage et rassura le malade :

— Puisque je suis là, vous allez vivre.

Nostradamus sortit de la poche de sa houppelande, une petite boule rose et pria le dauphin de l'avaler rapidement.

Le malade obéit aussitôt.

Il suffit de quelques instants pour que le dauphin sente les forces lui revenir.

Le futur roi de France remontait des abîmes dans lesquels il s'était senti plonger.

— Je suis sauvé, murmura-t-il avec ferveur.

— Pas encore, dit Nostradamus. Le puissant extrait que je viens de vous administrer ne peut faire reculer la mort que de quelques heures.

Le prince s'inquiéta :

— Mais alors... au bout de ces quelques heures ?

— Rassurez-vous, vous allez vivre. Ces quelques heures vont m'être utiles pour préparer l'antidote.

— L'antidote ! hurla le dauphin. Alors j'ai été empoisonné !

Nostradamus se leva sans répondre et alla ouvrir la porte de la chambre derrière laquelle attendaient les courtisans.

Ils se précipitèrent sur le guérisseur en le pressant de questions :

— Alors ?

— Le dauphin peut être sauvé mais il ne faut pas perdre de temps.

Le prophète s'approcha d'un gentilhomme qui semblait plus qu'inquiet de savoir son maître encore dans le danger.

— Comment vous appelez-vous, Monseigneur ? demanda Nostradamus.

— Je suis le duc de Semblançay, capitaine des gardes du dauphin.

— Procurez-moi, d'ici une heure au plus, les herbes et les liquides dont voici la liste. Hâtez-vous, mais avant, désignez deux hommes pour faire un feu vif dans la cheminée de la chambre. La chaleur est indispensable à la guérison du dauphin.

Moins d'une demi-heure plus tard, tout ce que Nostradamus avait demandé était sur la table.

Dans la haute cheminée de pierre un bon feu crépitait.

Les deux médecins de la cour, plongés dans la stupeur, contemplaient avec vénération les herbes, les liquides, les ustensiles de cuisine étalés sur la table.

Un prêtre s'agenouilla et pria pour l'âme du sorcier.

Nostradamus s'installa à ses manipulations.

Lorsque ses mixtures furent prêtes, il ordonna à tous les présents de sortir.

Les gentilshommes de cour, les belles qui les accompagnaient, le prêtre et la reine Catherine de Médicis obéirent en silence.

Celui qui ordonnait n'était peut-être pas un roi mais c'était, à n'en pas douter un envoyé des mystérieuses puissantes qui commandaient aux rois.

Nostradamus et le prince demeurèrent seuls.

— Vous êtes sûr que je vais survivre ? supplia François.

Le prophète qui s'affairait à ses préparations, le rassura :

— Vous vivrez puisque je vous l'ai dit !

— Et vous dites que j'ai été empoisonné.

— La nuit dernière, au plus profond de l'obscurité de mon cachot, j'ai eu la révélation que quelqu'un allait être empoisonné.

Le prince se mit à bégayer :

— Je vous en conjure, dites-moi si vous êtes d'essence infernale ou céleste ?

— Je ne suis qu'un humain. J'ai pleuré et je pleure encore. N'est-ce pas à cela que l'on reconnaît un homme ?

Ils ne dirent plus rien.

Le temps s'écoulait.

Au clocher du village, le bourdon tinta, appelant les ouailles aux vêpres.

Nostradamus s'approcha du dauphin.

Il tenait une fiole à la main, remplie de la mixture qu'il avait préparée. Le liquide était d'une belle couleur émeraude.

— Tenez, Monseigneur, buvez ce breuvage et dans quelques heures il n'y paraîtra plus.

Dès demain, vous pourrez reprendre votre route.

Le dauphin vida la fiole d'un trait et se laissa retomber sur l'oreiller.

— Vous dites que j'ai été empoisonné, mais pourquoi ? Et par qui ?

— Je l'ignore, Monseigneur. Mais cette nuit, lorsque j'ai eu la révélation de votre empoisonnement, une voix mystérieuse a crié : « Caïn... Caïn... Caïn... » comme celui qui tua son frère ! Je ne sais pas... Monseigneur, bredouilla Nostradamus. Je ne sais pas... (1).

Le prophète sortit de la chambre, passa au milieu des courtisans qui s'écartèrent et s'en alla vers l'auberge sans que nul ne l'arrête.

Il demanda des grandes bassines d'eau brûlante, se lava de la tête aux pieds, mit du linge propre et se coucha pour dormir une longue nuit.

Le lendemain matin, il fut réveillé par le gros bourdon de l'église qui sonnait à toutes volées pour annoncer la guérison du dauphin. Il reprenait la route pour rejoindre ses troupes et son père.

Nostradamus s'octroya une journée de repos.

Alors qu'il déjeunait sur la terrasse de l'auberge, le chef de la police royale de Tournon vint le voir :

(1) Dans les « Discours des Misères de ce temps » le poète Ronsard laisse entendre que Henri III avait tenté d'empoisonner son frère François sur les instigations de sa mère Catherine de Médicis, affolée ensuite par son propre forfait.

171

— Je ne sais si vous êtes sorcier ou démon, mais vous avez sauvé notre dauphin François et rendu le bonheur au roi et à la reine Catherine. Vous pourrez quitter Tournon quand bon plaisir vous prendra. Je serais pour ma part, toujours heureux de vous savoir en bonne vie.

A la mi-journée, Nostradamus se fit amener un cheval et s'éloigna en direction de Lyon.

Au sortir de Tournon, Nostradamus croisa un vieillard misérable accroché à son bâton noueux. L'homme semblait souffrir de faim et de froid malgré la douce tiédeur de ce soir de mi-août. Le mage offrit au malheureux un pilon d'oie rôtie qu'il avait dans sa besace et lui posa sur les épaules sa cape de laine miteuse qui sentait la mauvaise humidité.

Le pauvre diable regarda son bienfaiteur. Son regard triste s'enfiévra soudain. Il venait de reconnaître le sorcier qu'il avait vu sur le parvis de l'église de Tournon guérir la jeune paralytique. Ce vieil homme, c'était le paysan incrédule qui avait menacé Nostradamus de ses doigts contrefaits en forme de fourche. Le miséreux se mit à trembler de tous ses membres et s'enfuit en clopinant, abandonnant pilon d'oie et cape de laine.

Lorsqu'il disparut au détour du chemin, le mage l'entendait hurler encore « Satan... Satan... Satan ! »

Intrigué par l'événement, le médecin reprit sa route sous le haut soleil.

Le village de Saint-Jean-de-Muzols où il envisageait de faire étape était totalement désert, comme abandonné de tous ses habitants.

Passant devant l'église, il lui sembla entendre le lourd portail grincer.

Parvenu à la sortie du bourg, Nostradamus se retourna.

Sortant de l'église, des silhouettes silencieuses se mirent à le suivre.

Certains personnages fantomatiques s'enhardirent jusqu'à se rapprocher du voyageur.

Les plus audacieux ramassèrent des pierres sur le bord de la route et les lancèrent en direction du cavalier.

Des voix s'élevèrent :

— Suppôt de Satan, sorcier, démon, au gibet !

Maintenant, les pierres tombaient dru, mais aucune n'atteignait Nostradamus qui, pourtant s'était arrêté.

Il semblait protégé comme par un invisible bouclier.

Ignorant la pluie de projectiles, le mage descendit de cheval et marcha vers ceux qui le lapidaient. Les jets de caillasses cessèrent. Les quolibets aussi. Tous regardaient cet homme aux yeux d'un clair insoutenable. Nostradamus s'adressa avec douceur à ceux qui le poursuivaient il y a quelques instants encore :

— Suppôt de Satan ? Sorcier ? Démon ? Si je suis vraiment cela, je peux donc faire des miracles...

Il s'approcha d'un vieillard noueux, courbé en deux par les ans.

— Grand-père, y a-t-il quelque chose que tu souhaites ardemment ?

Après une courte réflexion, l'ancêtre demanda :

— Je voudrais marcher comme à mes vingt ans.

— Et toi ? s'enquérit le mage auprès d'un plus jeune.

— Je voudrais trouver femme et fortune.

— Et toi, ma belle ? demanda Nostradamus à une jeune femme triste qui portait un bébé inerte dans les bras.

— Je voudrais que mon fils puisse rire, pleurer, manger comme les enfants de son âge et qu'il s'éveille. Cela fait plusieurs jours qu'il m'apparaît comme mort.

Le mage s'approcha d'une silhouette qu'il semblait reconnaître. Celle du miséreux jeteur de sort de Tournon qui avait refusé le pilon d'oie et la cape de laine.

173

— Toi, je te connais déjà. Tu n'as guère besoin de jambes car tu détales comme un garenne. Que souhaites-tu alors ?

— Que le diable me donne la force de bâtir une maison.

Nostradamus jeta un regard sur cette lie de pleureurs et s'approcha du premier vieillard :

— Si j'étais Satan ou Dieu, si j'avais le pouvoir du Diable ou du Christ, je pourrais réaliser tous vos vœux : Toi, te rendre tes jambes de vingt ans, toi, t'offrir femme et fortune et toi, la force de bâtir une maison. Mais comme je ne suis ni Dieu ni Diable, la pratique du miracle m'est étrangère. Je ne peux donc malheureusement rien pour vous.

Il revint vers la jeune femme triste à l'enfant inerte :

— En revanche, étant médecin, je peux tenter de redonner vie à ce marmot.

Il alla décrocher à la selle du cheval sa trousse d'instruments.

Dans un silence pesant, Nostradamus examina l'enfant.

Il le prit dans ses bras, lui écouta le cœur qui battait à peine :

— Qu'on aille me quérir de la racine de cep, de la poudre de feuilles d'aulne, de la sarriette fraîche, du girofle pilé, de l'écorce de châtaigner et un chaudron.

Deux femmes coururent vers le village.

Profitant de leur absence, le médecin fit mettre le bébé à nu et alla le tremper dans l'eau claire d'un ruisseau voisin.

Une vieille tendit son châle pour l'envelopper et le sécher. Lorsque les deux paysannes revinrent du village avec les ingrédients demandés, Nostradamus pria les hommes d'allumer un bon feu.

Sur les flammes, il installa des branches sèches et suspendit le chaudron qu'il avait fait remplir d'eau claire.

Il attendit que l'eau frémisse pour y jeter dedans herbes, racines, poudre et écorce en doses précises. Après une heure, le chaudron fut retiré du feu.

— Lorsque la mixture ne sera plus que tiède, vous en laverez l'enfant avec précaution. La fièvre va vite tomber, ses yeux vont s'ouvrir et il sera guéri.

Sans se presser, le mage réunit ses instruments et les accrocha à la selle de son cheval.

Avant de repartir, il arracha un blanc d'oie à la carcasse rôtie qu'il avait dans sa besace et mordit dans la chair à belles dents. Puis, il alla se désaltérer à l'eau claire du ruisseau.

Il ne reprit la route que lorsque les paysannes commençaient à laver l'enfant moribond avec la décoction qu'il avait préparée.

Il avait fait à peine quelques pas qu'il entendit le bébé pousser des hurlements.

La mère criait de joie, mais les hommes, ignares devant les sciences médicales, crurent à nouveau à une manifestation maline du Diable.

Ils se mirent à proférer des imprécations :

— Satan, sorcier, charlatan, envoyé du Diable...

Les paysans agressifs ramassèrent des pierres pour les lancer sur Nostradamus mais ils les rejetèrent bien vite en hurlant de douleur.

Les caillasses était brûlantes comme rougies au feu et se mirent à fumer comme des pierres talismaniques.

A Lyon, son imprimeur le reçut à bras ouverts.

Cloué dans un fauteuil par une douleur de hanche, Benoist Rigaud espérait bien que son célèbre auteur-guérisseur allait trouver une manière à lui pour le soulager de son mal.

Au clerc qui venait de lui annoncer que le mage était dans l'antichambre, l'imprimeur annonça :

— Tu vas voir qu'il va me faire courir comme un lapin.

S'appuyant sur sa canne, il alla à la rencontre de Nostradamus.

— Savez-vous, lui dit-il que vos « Centuries » ont été reçues avec beaucoup plus d'admiration qu'il n'est séant de l'écrire.

— Puisse mon escarcelle vous en remercier car je sors d'un cachot et me trouve bien démuni.

Le libraire lui fit compter immédiatement cent florins ce qui permit au prophète de choisir la plus belle chambre de l' « Auberge des deux Fleuves » à quelques pas de la rue Tupin ou presque tous les imprimeurs lyonnais tenaient leurs librairies.

Les onguents du médecin-astrophile soulagèrent le brave Benoist Rigaud mais ne le guérirent point en totalité.

— Vous avez un cal vieux, lui expliqua le mage, conséquence d'une blessure de jeunesse et l'articulation n'a plus sa souplesse. Je peux chasser la douleur, mais point refabriquer l'ossature. Seules, de longues expositions au soleil pourront vous donner l'illusion de retrouver vos jambes d'adolescent.

Dans les ateliers de son imprimeur, Nostradamus se passionna pour la machine à typographier du maître Gutenberg que Benoist Rigaud avait fait venir de Strasbourg. La machine inspirée de l'imprimerie des Chinois avait subi d'énormes modifications jusqu'à pouvoir reproduire la Bible à « quarante-deux lignes ».

Le prophète se divertit à fabriquer un casier à caractères qui permettait une composition bien plus rapide. Son système de placement des lettres ne suivait pas l'alphabet classique mais les faisaient se trouver voisines par affinité pour construire les mots. Un peu comme sont placés de nos jours, les caractères sur les machines à écrire.

A l' « Auberge des deux Fleuves » Nostradamus pouvait disposer d'un bureau vaste qui jouxtait sa chambre pour y poursuivre ses travaux.

Tous les jours, Benoist Rigaud lui envoyait une jeune étudiante pour l'aider à classer ses papiers. Elle devait, tous les soirs, porter au libraire les feuilles écrites par le maître dans la journée.

La jeune fille s'appelait Evangèle Catien. Elle avait plus de charme que de beauté mais ses dix-huit ans avaient de quoi tenter un savant lunaire en abstinence depuis longtemps.

La pucelle fut toute heureuse d'annoncer à ses parents qu'elle ne l'était plus en leur révélant que l'heureux initiateur était un astrologue qui savait lire dans les étoiles.

Loin de se mettre en colère, le père d'Evangèle qui tenait commerce de cochonnailles dans le quartier de Fourvière vint apporter au mage des paniers pleins de saucisses, terrines et saucissons de la meilleure fabrication pour le remercier de s'intéresser d'aussi près à sa fille.

C'est pendant son séjour à Lyon que Nostradamus mit en forme son « Excellent et très utile Opuscule traitant d'exquises recettes pour faire divers fardements et senteurs pour illustrer la face ».

Il peaufina la seconde partie de son ouvrage avec sa « Recette pour faire des confitures fortes en miel, sucre et vin cuit ».

C'est au retour d'une promenade sur les bords de la Saône en compagnie d'Evangèle que Nostradamus reçut la visite d'un illustre personnage venu à brides abattues de Salon-de-Provence pour lui porter un pli d'importance.

Il ne s'agissait pas moins que du comte Claude de Tende, grand sénéchal et gouverneur de Provence chargé de remettre la missive au prophète, de ses propres mains.

Ce pli venait de la cour du roi Henri II. La reine Catherine de Médicis qui avait lu les premières « Centuries » de Nostradamus et qui avait immédiatement reconnu en l'astrologue devin, le guérisseur mystérieux qui avait disparu de Tournon après avoir sauvé son fils François, mandait incontinent au sénéchal-gouverneur de retrouver et d'envoyer à la cour ce personnage que le roi désirait voir.

Nostradamus se mit en route par les grandes chaleurs d'été et, après un voyage harassant, il arriva à Paris le 15 du mois d'août 1556, jour de l'Assomption de Notre-Dame et pour comble d'heureux présage, le devin « s'en va descendre à l'auberge sous l'enseigne de Sainct Michel, rue Froidmentel, pour rendre l'auspice heureux complètement accompli (1) ».

Depuis la parution des « Centuries » et leur large diffusion dans les cercles nobles autour de la famille royale, Catherine de Médicis était la lectrice la plus assidue de Nostradamus.

La reine, il est vrai démontrait un goût très italien pour l'intrigue, le mystère, l'inexplicable et les sciences occultes.

Elle avait réuni pour ses sorties secrètes, un groupe d'une douzaine de reîtres armés, douze colosses aux attitudes impassibles, muets par discipline, habiles à se glisser avec les moins pures intentions au fond des nuits sans lune.

Leur chef était le baron de la Garde, dévoué à sa reine jusqu'à la mort. Les douze spadassins lui obéissaient sans discourir, certains de recevoir après toute opération une bourse bien pleine et du temps pour jouir de tous ces écus.

Le baron de la Garde ne prenait ses ordres qu'auprès de celle que les douze nervis appelaient Signora Catarina.

Ces êtres incultes, passifs, insensibles, obéissant au-delà du crime, la reine les appelait son « escadron de fer ».

Et de fer ils étaient.

Leur univers se bornait au jeu, au vin, à l'orgie et au meurtre.

A l'intérieur du Louvre, la reine des intrigues avait aussi un escadron volant : une vingtaine de damoiselles de bonne noblesse choisies parmi les plus belles statues d'amour qui hantaient le palais. Catherine les avaient dressées au calcul par la passion. Elles formaient le réseau d'espionnage extrêmement efficace que la reine avait tressé autour des membres de la cour du roi.

Ces filles splendides et dévouées savaient s'offrir, se refuser, se donner au moindre signe de leur reine, mais surtout elles

_____

(1) Jean-Pierre de Haitze : « La vie de Jules Raimond de Soliers ». Bibliothèque d'Aix-en-Provence.

étaient expertes dans l'art d'arracher les secrets que Catherine guettait.

Lorsque la Florentine soupçonnait un seigneur d'intriguer contre elle ou le roi, elle le désignait à une de ses espionnes qui bientôt faisait son rapport.

Catherine ne se bornait pas à vouloir élucider les intrigues de cour. Elle aimait aussi les provoquer et en fomenter de bien secrètes ou elle pouvait compromettre ses ennemis à loisir.

Autour d'elle, s'agitait tout un bataillon de vrais et faux sorciers et d'histrions qu'elle avait attachés à sa dévotion.

Pour l'heure, elle avait près d'elle deux préférés qui venaient de Toscane : les frères Lorenzo et Cosimo Ruggieri.

Les deux Florentins n'étaient pas à dire vrai, des charlatans car ils semblaient vraiment doués de pouvoir divinatoire, mais ils exploitaient ce don en l'accompagnant de nombreux mensonges. Ce qui, pour Catherine de Médicis était un art complémentaire. Elle occupait les deux frères aux intrigues les plus subtiles.

Toujours à quelques pas d'elle, se tenait un jeune et bel homme du nom de Christophe Lecamus. Il était le fils du fourreur de la maison royale et la reine profitait pleinement de la présence du jeune homme au cours de très nombreuses séances d'essayage. Le malheureux était tombé sous le charme de l'envoûtante reine.

Catherine initia son jeune amant au jeu des intrigues. Il s'y montra fort habile. Pas assez néanmoins pour que le sombre et rusé Ignace de Loyola ne le prenne en défaut. Le moine lui fit subir les pires tortures pour qu'il dénonce ceux qui armaient son âme. Le jeune Christophe préféra connaître la roue, l'eau, l'écartèlement et les plus cruels supplices plutôt que de dénoncer sa royale instigatrice.

Pour le remercier de son silence, lorsqu'elle deviendra régente après la chute des Guise et l'avènement au trône de son fils cadet Charles IX, Catherine de Médicis nommera Christophe Lecamus conseiller au Parlement.

**

Dans sa vaste chambre du Louvre où les tentures noires et rouges ajoutaient au mystère d'objets bizarres placés à des points précis tout autour du grand lit à baldaquin, la reine Catherine de Médicis s'entretenait comme souvent avec l'intrigant Ignace de Loyola.

Le moine d'Azpeitia, fondateur de l'ordre des Compagnons de Jésus avait pris grande importance tant à la cour de France qu'auprès de la papauté.

Le prélat venait de fêter ses soixante-cinq ans et avait gardé fière allure.

Il portait un costume de cavalier de velours violet. Sous le pourpoint, brillait un scapulaire sur lequel était brodé le cœur de Jésus.

Une fine rapière à pommeau d'or battait à son côté. Sur la lame étaient gravés ces mots : « Je suis le soldat du Christ ».

Don Ignace était assis dans une bergère tandis que la reine était restée debout et comme elle en avait coutume, elle marchait rapidement d'un côté à l'autre de la chambre.

La conversation avait pour principal sujet, le mage Nostradamus.

— Madame, disait Loyola, vous êtes une grande reine et vous vous devez d'anéantir l'hérésie, de bouter hors de votre pieux chemin, la science, mère de tous les hérétiques.

La reine malmenait entre ses mains un mouchoir de fine soie. Elle avait beaucoup de mal à dissimuler sa grande nervosité :

— Je veux savoir ! Ce quatrain numéro 35, je suis certaine qu'il concerne mon mari le roi Henri II.

Sans arrêter sa marche, la reine se mit à réciter la prophétie de Nostradamus parue dans les premières « Centuries » :

« *Le lion jeune le vieux surmontera,*
en champ de combat
par singulier duel :
Dans cage d'or les yeux
lui crèvera.
Deux blessures une, puis il meurt
mort cruelle. (1) »

Sa voix tremblait.

Ignace de Loyola se leva pour se planter face à la reine :

— Madame, je vous ai désignée à l'obéissance des affidés de France. Lorsque je partirai pour aller mourir à Rome, content de pouvoir dire à Saint-Pierre que les destinées du plus beau royaume de la chrétienté sont en remarquables mains, que me confiez-vous, Madame ? Que vous voulez aller consulter une façon de devin ou d'astrologue, une créature du démon, quelque chose de pire encore : un savant. Sa place n'est pas près de notre reine, mais sur le bûcher, brûlé par les fagotins de l'enfer. Ah ! Que ne l'ai-je point fait écarteler à Tournon après ses sorcelleries !

— Il a sauvé mon fils François, s'offusqua la reine.

— C'est Dieu qui a sauvé le dauphin, s'écria Don Ignace, pas le Diable.

Catherine de Médicis reprit sa marche d'une paroi de la chambre à l'autre.

Elle revint soudain vers Don Ignace de Loyola :

— Écoutez-moi, Messire, je n'ai que faire de vos craintes et de vos superstitions. Voici quelques jours que ce Nostradamus est dans Paris. Déjà sa réputation, pareille à une traînée de feu s'est répandue dans la ville. Sachez que c'est moi qui ai mandé cet homme pour qu'il vienne voir le roi. Il faut que je le rencontre puisqu'il est capable de me montrer de quoi est fait demain.

(1) Nous narrerons plus avant l'aventure par le détail. Le 1er juillet 1559 au cours d'un tournoi, Henri II fut blessé à mort par le comte de Montgomery. Le roi reçut dans l'œil droit une écharde de lance.

Don Ignace ricana :

— C'est à Dieu qu'il faut poser ces sublimes questions.

La reine se dressa :

— J'ai parlé à Dieu. Je l'ai prié selon la formule que vous m'avez donnée. Les puissances du ciel ne m'ont pas répondu.

Puisque le ciel est demeuré sourd, c'est à l'enfer que je veux parler.

Le premier général des Jésuites se signa et murmura

— Fiat voluntas tua.

Demeurée seule, la reine se livra, comme toutes les nuits, aux rites de sorcellerie. Après avoir allumé dix-sept cierges, elle tira un cordon blanc qui découvrit un grand pan de mur réfléchissant.

Par-delà le grand miroir magique, Catherine consulta ses dieux et tenta de déchiffrer les signes cachés de l'avenir.

Depuis quelque temps, ils n'étaient guère favorables. Les ondes négatives étaient presque palpables.

Les présages révélés ne laissaient rien augurer de bon pour son mari le roi Henri II dont le tableau astral s'assombrissait et risquait de mettre en danger l'avenir de ses enfants.

Et puis, il y avait ce fameux quatrain numéro 35 de Nostradamus.

Le lendemain même, elle en parla au roi.

Henri II avait beau n'accorder que peu d'intérêt aux sciences occultes qui fascinaient sa femme, il ne put s'empêcher de frémir lorsque la reine lui eût expliqué ce que pouvait signifier l'étrange prophétie.

Celle-ci ressemblait bizarrement à une vision astrologique d'un devin italien Lucca Garicci que la reine consultait parfois et qui avait conseillé au roi d'éviter les combats singuliers à l'entour de sa quarantième année. La position des astres laissait apparaître les risque d'une blessure à la tête avec pour conséquences la perte de la vie et la mort à courte échéance.

Installé à l' « Auberge Sainct-Michel », Nostradamus attendait sans impatience des nouvelles de la cour.

Il passait ses journées à badauder sous les ormes et les peupliers du long de Seine, s'aventurant jusqu'à la place de Grève dont il aima le tintamarre et le brouillamini.

Complètement démuni d'argent, il dut emprunter à un gentilhomme de rencontre, Monsieur Moral, deux écus.

Il lui signa une reconnaissance de dette pour « deux nobles à la rose et deux écus ».

C'est le 19 août 1556, qu'à la demande de la reine Catherine de Médicis, le connétable Anne de Montmorency lui fit l'excellente faveur d'aller le prendre en son « Auberge Sainct-Michel » pour le conduire au Roi.

La cour était à Saint-Germain-en-Laye.

Pendant toute la traversée de la splendide forêt qui séparait Paris de la résidence du roi, Montmorency ne dit mot à Nostradamus sur la raison de sa convocation.

Dès l'arrivée du carrosse devant le château, Nostradamus sut qu'il était vivement attendu.

Toute la cour, avertie de la visite du prophète était dans les antichambres.

Pour se rendre aux appartements royaux, le mage de Salon conduit par le connétable, dut se frayer un passage au milieu des courtisans revêtus de leurs plus beaux atours.

Chacun voulait approcher le prophète.

Les femmes se montraient les plus empressées.

Nostradamus fut assailli de questions les plus curieuses et enivré d'effluves de parfums.

Il se contenta d'opposer un silence poli aux interrogations et aussi aux remarques ironiques.

Un nain vêtu comme un personnage de farce, la tête difforme surmontée d'un chapeau de velours vert orné de clochettes dorées, s'approcha de Nostradamus en gambadant.

D'un geste, il le pria de se baisser pour que l'oreille du prophète soit à la hauteur de ses lèvres.

— Tenez vous bien ! Ici certains vous honorent et certains vous veulent la malmort !

Le nain, aussitôt, disparut dans la foule.

Nostradamus demanda au connétable qui était ce curieux personnage.

— C'est Brusquet, le bouffon du roi. Il faudra vous méfier de ses mauvaises pensées, répondit Montmorency. Il est capable de la pire des vilenies pour un sourire de sa Majesté.

Reçu en audience privée par le roi Henri II et la reine Catherine entourés simplement de quelques proches, Nostradamus fut étonné du peu d'intérêt que lui témoigna le roi.

A l'en croire, sa Majesté ne souhaitait avoir que quelques précisions sur ce fameux quatrain 35 de la première « Centurie » qu'on persistait autour de lui à présenter comme le concernant.

Dès lors que Nostradamus l'eût rassuré en lui révélant que rien ne prouvait qu'il s'agissait de sa très haute personne, le roi se détendit et se montra un peu plus curieux :

— Monsieur, dit soudain Henri II, puisqu'on vous attribue le don de tout savoir de ce que sera l'avenir, pouvez-vous nous dire ce qui arrivera à vous-même dans la semaine qui va suivre ?

Le cercle des courtisans autour du prophète se resserra, piqué qu'était l'auditoire d'une ardente curiosité.

— Impossible, répondit Nostradamus, le cœur contracté.

Des murmures de désappointement s'élevèrent dans l'assistance.

— Sire ! expliqua le mage, la destinée des autres est lisible

184

pour moi dans les astres et dans les regards. Mais la mienne m'est voilée. J'ai souvent essayé, je n'ai jamais réussi. C'est une faiblesse dont j'ignore la raison, mais mon propre avenir me reste secret.

Si je puis oser un paragon, imaginez, Sire, que rien ne vous échappe de ce qui se passe autour de vous, de ce qui se trame, de ce qui se noue, s'ourdit, se prépare, et que vous deveniez soudain aveugle de tout ce qui vous entoure à l'instant que vous vous regardez dans un miroir.

C'est ainsi qu'il en est pour moi dans ma vision du futur. Il en va de même pour les miens : mon épouse, mes enfants. Il m'est interdit de pénétrer leur avenir.

Pour le reste, Sire, vous pouvez m'interroger, j'apporterai sûrement une réponse.

Le roi, soudain amusé, entra dans le jeu. Il montra l'assistance des courtisans :

— Soit ! Ai-je des amis ici ?

— Oui Sire ! vous en avez au moins un. Votre bouffon Brusquet.

L'attention était si intense que cette réponse ne provoqua qu'un murmure parmi les curieux. Il ne s'agissait probablement que d'une boutade.

— Ai-je des ennemis ici, reprit Henri II ?

— Oui, Sire... au moins un. Il provoquera votre mort, mais peu sauront s'il le fera volontairement ou accidentellement.

— Monsieur, gronda le roi, je vous somme de le nommer.

Nostradamus laissa tomber ses bras :

— Je ne puis, Sire, je vous ai dit qu'il était là, mais Dieu ne l'a peut-être pas encore désigné.

Pour détendre l'ambiance devenue soudain pesante, le duc de Guise s'adressa à Nostradamus d'un ton goguenard :

— Maître, je voudrais bien, moi aussi, connaître ma bonne aventure.

Le mage tourna lentement autour de ce roitelet sautillant avant de lui répondre :

— Seigneur duc, vous avez une balafre dont certains se gaussent.

— C'est trop facile ! Beaucoup à la cour savent que j'ai une balafre... n'est-ce pas mesdames ?

Les belles de l'assistance se mirent à glousser.

Nostradamus reprit :

— Mais moi, Monsieur le duc, je vous vois pour la première fois et votre balafre tant connue je la vois parfaitement là, un peu en-dessous de l'épaule. Mais ce n'est pas de cette balafre-ci dont je vous parle. Je parle de celle que vous fera auprès du cœur le poignard d'un huguenot hors du commun. Votre vie s'en ira par cette balafre et vous mourrez quelque part près du grand fleuve des rois, désespéré de voir que jamais les merlettes de Lorraine ne voleront aussi haut que vous l'espériez. Ce sera votre dernier voyage. (1).

Le duc de Guise demeura muet de stupeur.

— Et moi... et moi ?, s'écria Marie Stuart.

Nostradamus s'inclina devant l'étrangère et plongea son regard dans celui de la princesse écossaise.

Il lui dit avec une infinie douceur :

— Madame, vous êtes d'ailleurs, mais tout me dit que vous aimez la France et êtes aimée d'elle.

Si vous retournez dans votre pays au nord, évitez l'Angleterre et prenez garde à une femme diaboliquement jalouse. Là-bas, je vous vois rouge de sang.

---

(1) Henri III décidera de faire assassiner le duc Henri de Guise et son frère Louis II cardinal de Lorraine au cours des états généraux de Blois en 1588.
La précision du quatrain de Nostradamus bouleverse :
  « Paris conjure un grand meurtre commettre
  Blois le fera sortir en plein effect
  Ceux d'Orléans voudront leur chef remettre
  Angiers, Troyes, Langres, leur feront grand forfait. »
Nostradamus énumérait trois villes qui prirent le parti des huguenots contre la Ligue.

Impressionnée, Marie Stuart trouva le courage d'en vouloir savoir plus :

— Tout cela est bien vague !

— Alors, écoutez ceci :

Nostradamus se concentra un moment, ferma les yeux et lança sur un ton théâtral :

> « *La grande Reine quand se verra vaincue*
> *le fleuve passera toute nue,*
> *suivie par le glaive*
> *A sa fin fera outrage* (1). »

Marie Stuart pâlit puis, elle se prit à rire en disant :

— Vraiment, Messire, vous nous feriez presque peur si nous ne savions pas qu'en réalité, nul ne peut voir à travers le voile de l'impénétrable qui couvre nos destinées futures. Tout cela me semble n'être qu'un jeu.

— Un jeu ! s'exclama Nostradamus. Vous avez dit le mot qui convient, Madame. Seulement il s'agit d'un jeu de mathématiques ou d'un jeu de vision. Imaginez la vie comme une plaine. Les hommes sont les tiges de blé qui hérissent cette plaine. Les événements sont les ondulations de ce vaste champ de blé. La plupart des esprits ne voient que les épis qui sont autour d'eux, mais il y a quelques rares esprits qui voient jusqu'au bout de la plaine.

Je suis un de ces esprits, madame et je vois accourir du bout de l'horizon les souffles qui vont agiter l'immense champ.

— Vous avez dit : jeu de mathématiques, releva Diane de Poitiers dans le profond silence.

Nostradamus s'approcha de la favorite du roi :

---

(1) Quatrain I-86.

Nostradamus avait vu la reine vaincue après avoir suscité la colère des Écossais et des catholiques par sa liaison avec Bothwell. Marie Stuart dut traverser une rivière toute nue pour se réfugier en Angleterre où après avoir été traînée de prison en prison par Elizabeth Ire elle fut exécutée en 1587 à Fotheringhay.

— Dans l'ordre mathématique, il y a une construction d'éléments qui composent la vie. Imaginez cette scène : une brute a le poing levé sur la tête d'un adolescent. Les éléments de cette image instantanée sont : la force de la brute, le poing énorme et la fragilité de l'adolescent. La suite logique de cet instantané vient à l'esprit de chacun. Il peut prédire avec une quasi-certitude que la brute va abattre son poing sur l'adolescent et l'assommer. C'est une prophétie simple, et la résultante s'accomplit à l'instant même.

Imaginez que les éléments, au lieu d'être trois, soient plus nombreux. La résultante de votre prophétie ne s'accomplira qu'au bout d'un temps plus long... une heure par exemple.

Si vous avez calculé assez vite, vous aurez donc connu une heure à l'avance l'événement qui va s'accomplir. Multipliez les éléments et vous obtiendrez des résultantes qui s'accompliront beaucoup plus tard... un mois, un an, plus peut-être.

L'analyse me donne les éléments qui composent la vie d'un individu ou d'un peuple. Je n'ai plus qu'à faire le calcul qui me permettra de réaliser la synthèse de ces éléments et de connaître leur résultante aussi lointaine qu'elle soit...

Le bouffon Brusquet s'écria soudain :

— Calculez donc l'avenir de Paris...

— Ah ! Voilà une question qui me plaît, répondit Nostradamus. Peu importe de savoir si la lance qui pointera la poitrine royale sera meurtrière, si Monsieur le dauphin François succombera à une mort naturelle ou à une volonté d'assassin. Il ne s'agit plus de savoir qui est la femme qui guettera la reine d'Écosse de l'autre côté du détroit, quel est le poignard qui vous balafrera, Monsieur le duc, de quel amour vous allez mourir, Maître du Bellay... Ce qui importe de savoir c'est ce qui va advenir de Paris. Eh bien, la destinée de Paris, je la vois très clairement. Je vois du sang, toujours du sang. Je le vois se répandre sous les poternes, éclabousser les colossales ossatures du Louvre. J'entends les tocsins mugir. J'entends dans le galetas des ruelles le galop des chevaux affolés et le crépitement des mousquets des arquebusiers. Je vois les brasiers, les incendies. Je vois la Seine couler toute rouge. Les rues sont encombrées de cadavres comme si la peste s'était soudain jetée sur la ville. On va tuer. La moitié de Paris va vouloir tuer l'autre moitié. Mes frères, vous allez vous ruer les uns contre les autres. Vous serez tous marqués par la mort. Il y eut un long silence plein d'angoisse et d'horreur.

Seule Catherine de Médicis osa demander :

— Est-ce que tout cela est vrai, Messire ?

— Ausssi vrai, Madame, que les pensées et les actes des hommes sont des nombres qui se combinent ! Aussi vrai que celui qui connaît ces nombres déduit leur résultante ! Aussi vrai que les trônes des rois disparaîtront un jour dans un tumulte d'apocalypse. Aussi vrai qu'on verra un jour des voitures sans chevaux et que l'homme réalisera le rêve d'Icare (1).

Le roi se leva et demanda à Nostradamus avec ironie :

— Le maître a-t-il deviné que le roi souhaitait se retirer ?

— Je crois même savoir que sa Majesté souhaite être accompagnée par madame Diane.

Le trait amusa l'assistance et détendit l'atmosphère. La reine fit sa révérence à son époux et lui demanda :

— Votre Majesté m'autorise-t-elle à poursuivre cette intéressante conversation avec Monsieur Nostradamus pendant qu'elle va prendre quelque repos ?

— Faites à votre guise, madame, tout un chacun ici, sachant que vous passez plus de temps la nuit sur votre balcon à observer les étoiles que dans la couche royale.

Le roi, donnant le poing à Diane de Poitiers, se retira dans ses appartements, suivi de toute sa cour, laissant la reine Catherine en tête-à-tête avec le prophète.

(1) Michel Zevaco · « Nostradamus ».(Fayard. 1948.)

La première dame de France et le mage de Provence s'entretinrent longuement de questions diverses qui avaient trait à l'astrologie et aux prognostications.

La reine demeurait inquiète de ce quatrain qui menaçait Henri II.

— Dites-moi, monsieur de Notre-Dame, ce quatrain 35 concerne bien le roi mon époux ?

Nostradamus hésita avant de répondre :

— Ne voyez, madame, dans cette prophétie que ce que vous voulez bien y voir.

Le roi Henri II donna l'ordre de loger Monsieur Michel de Notre-Dame en l'Hôtel de Sens, près des rives de Seine, chez le cardinal de Bourbon.

Le jour même, il lui fit porter une bourse de velours rouge contenant cent écus de sa cassette personnelle et cinquante écus de la part de la reine.

Nostradamus fulmina devant tant de mesquinerie mais ses ennuis financiers furent de courte durée. Dès son installation en l'Hôtel de Sens, courtisanes et gentilshommes demandèrent audience au prophète pour solliciter conseils et horoscopes contre de belles pièces d'or.

Certaines belles de la cour venaient visiter le mage aux heures tardives et demeuraient volontiers chez Nostradamus, non pas pour en savoir plus sur leur avenir mais pour ajouter aux dons en argent qu'elles faisaient au prophète, le don de leur gracieuse personne.

Rares pouvaient et voulaient résister au profond regard bleu du devin.

Le bruit se répandit vite à la cour que Nostradamus était un prophète extraordinaire mais qu'il savait être aussi un amant remarquable lorsque la partenaire en valait la peine.

L'impression d'être possédées par le diable rendait les belles hystériques.

Dans une lettre adressée à son fils César, le prophète expliquait ainsi ses substantiels et agréables profits :

« ... Quant aux honneurs, bourses pleines d'or, dépouilles royales, joyaux magnifiques, présents reçus de leurs majestés, des princes et des plus grands de la cour, sans oublier les heureux abandons des belles venues me consulter, j'aimerais mieux les laisser au bout de ma plume que de les dire, par trop d'exquise vanité, craignant d'en avoir dit plus que ne requiert la modestie... »

Pour ne pas faillir à la réputation que les belles lui faisaient, Nostradamus inventa un élixir aphrodisiaque pour son seul usage, à base de gingembre d'Asie, de menthe, de poivron pilé et de gelée royale.

Ayant atteint l'âge de cinquante-trois ans, le mage de Salon, miné par la fatigue, dut s'aliter une dizaine de jours. Le remède qu'il s'était inventé avait probablement décuplé ses possibilités sexuelles, mais il avait eu raison de la fluidité de son sang. Une attaque de goutte mina ses forces.

Une nuit, comme Nostradamus était couché dans son lit avec pour seule compagnie une vieille soignante du nom de Mary-vonne Ledentec, un jeune page de la famille de Beauvau vint frapper à sa porte.

Le malheureux avait laissé filer le magnifique chien de chasse confié à ses soins et connaissant la renommée du mage, il venait lui demander secours et lumière.

Comme nul ne répondait aux coups qu'il frappait contre la porte, le jeune page se mit à crier qu'il venait de la part du roi.

Avant même qu'il eût pu exposer le but de sa nocturne venue, Nostradamus lui cria à travers la porte :

— Que voilà bien des cris pour un chien égaré. Va sur la route d'Orléans et tu y trouveras l'animal tenu en laisse.

Le jeune page se précipita sur le chemin indiqué et là, il trouva le chien qu'un serviteur ramenait à Paris au bout d'une laisse.

L'histoire fit rapidement le tour de Paris et la réputation du prophète prit des allures de légende.

C'est aux feuilles rougissantes d'octobre que la reine Catherine de Médicis demanda à Nostradamus de venir la rejoindre au château de Blois.

Elle souhaitait que le mage lui trace l'horoscope des enfants royaux.

La situation était fort délicate car le prophète avait déjà prédit un destin tragique pour chacun des trois princes.

La reine pria un de ses proches, le capitaine de la garde écossaise comte de Montgomery d'accompagner le mage de Paris à Blois.

En arrivant, Nostradamus pensait être reçu au magnifique château dont les tours se reflétaient dans les eaux calmes du fleuve. Mais c'est dans une étrange maison sur les bords de la Loire que le mage fut conduit.

Cette propriété était le domaine extrêmement secret de la reine.

Un vieux serviteur, tout de rouge vêtu, le fit pénétrer dans un hall de marbre blanc veiné de rose, éclairé par trois énormes candélabres supportant chacun trois cierges de cire disposés à former un triangle.

Au fond du vestibule glacial, il n'y avait qu'une grande porte de bronze vers laquelle le serviteur silencieux se dirigea.

Il posa sa main gantée sur un marteau d'or ciselé en forme de sphinx.

La porte s'ouvrit.

Il sembla à Nostradamus qu'il pénétrait dans un décor conçu par un astrophile dément, un maître fou dont la vie serait gérée par les astres.

La pièce était parfaitement ronde et son plafond s'ovalisait en un dôme au zénith duquel brillait un fanal qui versait une douce lumière.

Le cadre rappelait étrangement au prophète ce qu'il avait vu en Égypte dans les entrailles sacrées du Sphinx.

Douze portes s'ouvraient sur cette salle.

Sur le fronton de chacune d'elles était représenté un des signes du zodiaque.

Nostradamus était entré par la porte du Sagittaire, son signe astral.

Les portes en feuilles d'or étaient séparées l'une de l'autre par des colonnes de jaspe.

Sur la frise qui courait autour de la pièce, apparaissaient les sept planètes.

Au pied des colonnes qui séparaient les portes était accroupie une figure de marbre aux formes chimériques. Ces figures représentaient les douze génies attachés aux douze signes zodiacaux.

Il n'y avait pour tout ameublement que douze fauteuils de marbre rouge placés symétriquement par rapport aux douze portes.

Les sièges étaient rangés autour d'une table ronde supportée par quatre lions en lapis-lazuli.

La table, un bloc d'or pur supportait un dessin en relief, le signe suprême, le rayonnant symbolisme de haute magie : la Rose-Croix au centre de laquelle brillaient les quatre lettres INRI que les Juifs avaient placées sur la croix de Jésus-Christ.

Nostradamus ne put s'empêcher d'apprécier la fabuleuse mise

en scène machiavélique faite pour troubler les âmes par une admiration tremblante.

Catherine de Médicis était assise dans le fauteuil correspondant à la porte de la Balance.

Elle était très pâle, l'ovale du visage dessiné par une capuche de velours violine. Elle portait une longue robe noire dentelée d'or et de blanc. Ses mains étaient nues et elle entrecroisait ses doigts nerveusement.

Dans le fauteuil, face à la porte du Lion, se tenait Don Ignace de Loyola.

Nostradamus s'avança et s'inclina devant la reine :

— Noble dame, je vous salue.

Il n'eut pas un regard pour le moine.

Tout naturellement et ayant compris le mécanisme de la mise en scène, il alla prendre place dans le fauteuil correspondant au Sagittaire.

— Étant natif du 14 décembre, je présume que ma place est ici.

Ils étaient ainsi installés de façon à occuper les trois sommets d'un triangle aux côtés égaux.

— Madame, dit Nostradamus, je suis venu mettre ma science à votre service et j'attends vos questions.

— Ta science, gronda Loyola avec mépris, dis plutôt ta magie, tes chimères, tes impostures !

Le prophète tourna la tête vers le moine et s'exprima en un ton des plus calmes :

— Seigneur gentilhomme, dit-il avec bonhomie, vous êtes semblable à l'aveugle qui nie le soleil parce qu'il ne peut le voir. Pourquoi vous faites-vous le champion de l'ignorance ?

Se tournant vers Catherine de Médicis, le mage exposa sa thèse sans plus s'occuper du moine vert de rage :

— Voici, madame, un triple faisceau de lumineuses hypothèses.

La vérité est que le monde visible qui se montre à nous n'est que l'ombre d'un monde réel qui échappe à nos sens.

— Expliquez-vous, demanda la reine intéressée.

— Figurez-vous un homme dans une caverne et tournant le dos à l'entrée. Imaginez que cet homme ne soit jamais sorti de sa caverne et qu'il ignore même qu'elle ait une entrée. Sur la muraille du fond, il va voir s'agiter les ombres de tout ce qui se passe devant la caverne et découpées par la lumière extérieure. Que représentent pour lui ces ombres ? Elles représentent la seule réalité qu'il connaisse. Et pourtant, ce ne sont que des ombres. La réalité vraie est hors de la caverne.

Supposez maintenant une autre personne placée près de cet homme dans la caverne mais qui regarde vers l'entrée. Que verra-t-il ?

Il verra les êtres réels qui passent au-dehors. Il surprendra leurs mouvements mais il en ignorera les ombres qui vont se reporter sur la lumière projetée.

Cette caverne, Madame, c'est notre Univers. Ces ombres représentent l'ensemble de ce que nous voyons.

Il est donné à de très rares savants de se tourner vers l'extérieur et de surprendre la réalité positive. Ils peuvent alors indiquer aux hommes quelles ombres vont se porter sur le mur de la vie terrestre, c'est-à-dire quels événements vont s'accomplir.

— Et tu prétends être de ces savants ? ricana Don Ignace.

— J'en suis un, Seigneur, répondit simplement Nostradamus.

— Sacrilège ! hurla Loyola. Que fais-tu de Dieu ?

— Dieu ! C'est le désir suprême de l'homme, la secrète espérance en une vie recommencée dans le cycle des éternités.

Loyola se leva d'un bond.

— Je n'entendrai pas plus longtemps ces blasphèmes !

Permettez-moi, Madame de me retirer.

La reine lui fit un petit signe de tête et Loyola quitta la pièce ronde par la porte du Lion sans un regard vers Nostradamus.

Demeuré avec la reine, le prophète sortit de dessous sa manche un parchemin et une mine.

— Madame, dit-il, veuillez écrire ici la question que vous voulez poser au destin.

Après avoir mûrement réfléchi, la reine, d'une main fébrile traça ces mots :

A deviné le sort ou heure et avenir de mon aimé fils Henri.

Nostradamus prit le parchemin et l'examina avec grande attention.

— Madame, votre question contient quarante-cinq lettres.

J'inscris ces lettres autour d'un cercle.

Je leur joins une progression de nombres de 1 à 45.

Chacune des lettres inscrites au cercle magique est liée à son nombre et chaque nombre est lié à son arcane.

Que lisons-nous alors ?

Mais-le-fer-d'un-moine-sa-vie-heurte-lent-vain-Hérode-roi.

Vous voyez, la destinée de votre fils Henri éclate dans la phrase écrite de votre main.

La réponse de l'occulte est toute entière contenue dans votre question : Roi, lent, vain, Hérode — c'est le surnom qu'on donnera à votre fils lorsqu'il sera Henri le troisième — mais le fer d'un moine heurte sa vie...

— Henri régnera donc ! haleta la reine.

Nostradamus refréna la nervosité intéressée de Catherine :

— Cette prédiction serait incomplète si nous ne nous penchons pas sur l'avenir de vos deux autres fils qui, avant Henri, sont désignés pour régner.

— Je suis heureuse, murmura la reine, mais je ne veux pas croire à la mort brutale de mon fils. L'horoscope que Cosimo Ruggieri a fait de lui disait : « Le fils de Catherine coulera de longs jours paisibles sans douleur ni crainte du fer ! »

— Soit Madame. Tenons-nous-en à la prédiction de cet habile Florentin.

Sur le parchemin, il traça des signes en cercle.

— J'écris là, la dernière phrase que vous venez de prononcer : « *Le fils de Catherine coulera de longs jours paisibles sans douleur ni crainte du fer...* » Vous voyez, elle est composée de soixante-dix lettres que j'inscris de 1 à 70 et j'en cherche la métathèse.

Il tendit le parchemin à la reine :

— Tenez, Madame, voici la réponse qui jaillit d'elle-même au premier regard.

Si-jeunes-François-et-Charles-double-souci-rien-du-Ils-péri-ront- dans -la-fleur-de-l'âge (1).

La reine resta confondue.

Nostradamus conclut en lui révélant que ses trois fils allaient connaître les plus grands honneurs.

Catherine de Médicis était au bord des larmes.

— Êtes-vous homme, ange ou démon ? gémit-elle ?

— Je ne suis qu'un homme, ajouta le mage de Provence car la science ne m'a pas appris à triompher des douleurs du cœur.

De retour à Paris en l'Hôtel de Sens, Nostradamus eut la surprise de trouver dans son antichambre une noble et belle dame de la cour : Marguerite du Royer qui avait eu pour le mage quelques faiblesses.

Il crut un instant que la courtisane était venue jusqu'à lui pour sombrer dans une douce extase, mais là n'étaient pas les raisons de la gente personne.

Marguerite du Royer était fort excitée car elle tenait du connétable de Montmorency qui l'honorait de son amitié, que le tribunal de Paris souhaitait interroger Nostradamus sur ses connaissances en matière de magie (2).

Imaginant l'ombre de la sainte Inquisition et la main du pugnace Loyola se profiler derrière cette soudaine sollicitude,

---

(1) Propos rapportés par Michel Zevaco.
(2) Abbé Torné-Chavigny : « Nostradamus éclairci. » (1874).

Nostradamus décida de ne pas s'attarder au milieu de ces chausse-trappes et de retourner à Salon-de-Provence au plus vite.

Sa dernière soirée parisienne, Nostradamus la passa dans une taverne de la rue Poultier fréquentée par des gens de tous bords : des archers et des ruffians, des pigeonnettes en quête d'aventure, des ribaudes cherchant fortune, des serviteurs du Louvre venus échanger quelques gigots volés aux cuisines contre bon vin. Il y avait aussi des vide-goussets sortis tout droit de la Cour des Miracles.

« Aux trois Osselets », Nostradamus fut reçu comme un seigneur.

Debout sur une table, Brusquet, le bouffon du roi qui venait là rapporter les potins de la royauté contre bombance et ripaille, l'aperçut dès son entrée :

— Faites place ! Voici mon ami le sorcier. Le bon devin qui a fait pâlir de peur notre roi et le duc de Guise.

Nostradamus s'approcha de la table.

On lui tendit un pichet de vin frais.

Dans les regards de cette foule bigarrée, le mage décela l'émerveillement.

Le fond de la grande salle était réservé aux bourgeois et aux seigneurs.

Racaille, hommes d'armes, artisans, malandrins, filles de vie s'agglutinaient autour des tables de devant.

Tous voulaient interroger le mage, lui demandant des filtres d'amour et de mort, des horoscopes, des divinations.

Rendu disert par l'abus du vin, Brusquet vint s'accrocher au bras du mage :

Il lui murmura en confidence :

— Méfie-toi, satan... Ce perfide moine de Loyola a mis dans la tête du roi qu'il fallait se débarrasser de toi et de ta sorcellerie.

Je l'ai entendu dire à sa majesté qu'il fallait vite t'arrêter, qu'on instruise ton procès tout de suite et que tu périsses aux yeux de tous par le feu en place de Grève.

Nostradamus sourit :

— Je pars cette nuit et je vais ou nulle Inquisition ne pourra me nuire. Quant à ce moine, il n'aura pas l'heur de s'occuper de mon sort avant bon temps.

En cet instant même, il est grelottant de fièvre au fond de son lit. Il hurle de douleur et clame à qui veut l'entendre qu'il ne veut pas mourir en laissant derrière lui une aussi formidable insulte à la religion représentée par ma modeste personne.

— Comment peux-tu dire que ce bâtard de moine est miné par la maladie, je l'ai vu rentrer dans ses appartements nerveux et fringant il y a à peine deux heures, dit le bouffon.

— Ses fièvres viennent de se déclarer. Ce qui les a déclenchées, c'est l'idée que la sorcellerie soit tolérée en plein cœur du royaume chrétien. Mais, rassure-toi, conclut Nostradamus, il ira mieux dès qu'il me saura au-delà des fortifications de la ville.

CHAPITRE
13

L'annonce du retour de Nostradamus en plaine du Bas-Rhône fut l'occasion de grandes liesses à Salon-de-Provence.

Bourgeois de la ville, paysans et nobles de la région reprirent le chemin de la rue des Poissonniers pour interroger le bon mage revenu.

Charrettes et superbes carrosses encombraient le quartier.

Tous les riches d'alentour venus en ville consulter Nostradamus profitaient de leur séjour pour s'attarder et faire gogaille à la grande satisfaction des aubergistes et des matrones des maisons accueillantes. La plus fréquentée ouvrait sa porte au 17 de la rue de la Fontaine-de-Crau et était tenue par une dame Ricolet. Il y était notoire d'y rencontrer les plus jolies filles de la région.

Cette dame Ricolet arrivée depuis peu à Salon, tenait auparavant la célèbre « Pension des Clochettes » à Paris, près de la place de Grève au 21 de la rue des Mauvais Garçons. C'était le lieu de rendez-vous le plus en vue de tous les courtisans du Louvre qui venaient s'encanailler dans les jupons de superbes ribaudes, spécialistes des manières amoureuses venues de la lointaine Asie.

Elles excellaient aussi dans l'art de soulager leurs compagnons de leur or et de leurs bijoux.

Atteinte d'un mal de poitrine qui réclamait la chaleur du soleil, Dame Ricolet avait décidé de venir ouvrir maison à Salon-de-Provence, la ville où vivait ce bon prophète qui, lors d'une visite à la « Pension des Clochettes » lui avait prédit grande fortune si elle venait faire commerce dans le delta du Rhône.

Pas très pieuse, mais croyante fervente en magie et sorcellerie, Dame Ricolet avait suivi les conseils du bon mage et ne s'en plaignait point.

C'est avec un grand plaisir que Nostradamus retrouva le calme de sa cave aux mystères, son athanor alchimique, ses mortiers, son œil philosophique, ses alambics, ses éprouvettes et ses creusets.

Sur le derrière de la maison, il put constater que ses plantes rares avaient fort bien poussé, entretenues avec soin par sa femme pendant son absence.

La nuit, il s'enfermait comme par le passé devant ses livres de formule et ses instruments sorciers.

Ayant éprouvé d'énormes difficultés à renouer des relations sexuelles normales avec sa femme qu'il se devait d'honorer mais pour laquelle il ne ressentait plus aucune attirance physique, Nostradamus mit au point un nouveau filtre d'amour qui s'avéra fort efficace et lui permit de donner quatre autres enfants à son épouse.

Dans sa cave laboratoire, à l'aide de poudres mystérieuses qu'il pétrissait dans ses creusets et ses alambics, Nostradamus s'inspira de la recette du breuvage d'amour inventée par Médée, la divine magicienne, dont les enchantements permirent à Jason de conquérir la Toison d'Or.

Cette recette figure en bonne place dans le numéro 6 des « Archives de l'Art et de l'Actualité » :

« *Prenez trois pommes de mandragore et les allez cueillir tout incontinent que vous verrez le soleil lever et les enveloppez dans des feuilles de verveine... et les laissez jusques à lendemain à la sereine. Et puis, prendrez le Lapidis Magnetici de la partie où elle refuse le fer : le poids de six grains qui soit pulvérisé sur le marbre le plus subtilement qui se pourra, l'arrosant quelque peu avec le suc de la pomme de mandragore. Puis, prendrez le sang de sept passereaux mâles saignés par l'aile senestre; d'ambre gris le poids de cinquante-sept grains d'orge, musc, le poids de sept grains; le dedans de la meilleure cannelle qui se pourra trouver le poids de trois cent soixante-dix-sept grains; d'orge, girofle et lignum aloès fin, le poids de trois deniers; du pourpre poisson de chascune branchie un œillet qui soit confit et condit en miel... le poids de vingt et un grains; de calamus odoratus, le poids de cinq cents grains, de racine de l'yris illirica ou esclavonie, le poids de sept cents grains; racine apii risus, trente et un grains; du vin crétique, le poids de sept cents grains qui dont environ, plus d'une once. Le tout soit mis ensemble et bien pulvérisé et bien macéré dans un mortier de marbre avec pestel de bois, et cueilli avec une cuillère d'argent. Et les mettrez dans un vaisseau de verre et le ferez bouillir sur le feu jusques qu'il reviendra à la quantité de sucre fait comme sirop ou julep. Après qu'il aura cuit, exprimerez soigneusement le tout et fort exprimé, le mettrez dans un vaisseau d'or ou d'argent ou de verre.*

Que nul ne soit si hardi de vouloir entreprendre le faire hormis que par contrainte matrimoniale; car pour en user d'amour frauduleuse et libidineuse se serait mal user de son savoir.

Pour employer le filtre, en mettre une petite quantité dans sa bouche et la faire passer avec sa salive dans la bouche de la personne aimée : celle-ci sera dès lors incendiée d'une telle ardeur qu'elle en mourrait plutôt que de ne pas satisfaire sa passion avec le concours de votre personne... »

Sujet à nouveau à des crises d'épilepsie de plus en plus fréquentes, le médecin-astrophile entreprit dans les fièvres la rédaction de ses nouvelles prophéties.

Ces trois dernières « Centuries », Nostradamus voulait qu'elles soient publiées après sa mort.

Son imprimeur en fabriqua néanmoins quelques exemplaires conformément à l'usage.

Nostradamus en adressa une copie au Roi Henri II accompagnée d'une longue lettre que la cour rendit publique.

Placée à la fin de la Centurie VII, cette lettre constitue une sorte de tableau synoptique de la vision de Nostradamus.

Le mage, considéré tout d'abord comme un dévoyé et même comme un luthérien secret, tenait beaucoup à se justifier. De là, sans doute, chez le prophète ce luxe de précautions, d'explications, de professions de foi, de citations orthodoxes dans la « Lettre à mon premier Fils » qu'on a pu lire ici même et cette missive à Henri le deuxième.

Faisant toujours figure de suspect auprès de beaucoup, sa crainte première était de partager un jour le sort de son ami Maître Estienne d'Hozier, notaire de son état qui, « soupçonné de la nouvelle religion » se trouva, à la presse des cabans, fort foulé et meurtri et s'en était ressenti longtemps après.

C'est pourquoi la lettre à « l'Invictissime Très Puissant et Très Chrestien, Henry II Roy de France » est toute emprunte d'une bien étonnante prudence :

« Je confesse bien que le tout vient de Dieu et lui en rend grâces, honneur et louange immortelle, sans y avoir meslé de la divination qui provient a fato, mais à Deo, a natura, et la pluspart accompagnée du mouvement du cours céleste, tellement que voyant comme dans un miroir ardent, comme par vision obnubilée, les grands événements tristes, prodigieux et calamiteuses adventures qui s'approchent par les principaux culteurs. Premièrement des temples de Dieu. Secondement par ceux qui sont terrestrement soustenus s'approcher telle décadence avec mille

autres calamiteuses adventures que par le cours du temps, on connoistra advenir. »

Au début de l'an 1557, naquit André de Notre-Dame, quatrième enfant de Nostradamus.

Poète latin et français, celui qui sera, avec César, un des descendants favoris du mage, André deviendra gentilhomme du gouverneur de Provence avant de se faire capucin, le jour anniversaire de la naissance de son père, le 14 décembre 1584 sous le nom de Séraphin Nostradamus.

Soucieux de laisser un peu de temps passer et de se faire oublier par les « chasseurs de sorciers », Nostradamus délaissa un temps ses prophéties et ses recherches pour s'attaquer à la traduction de la « Paraphrase de Galien » et des épigrammes « Orus Apollo ».

Il rédigea un volume de fiction ayant trait à d'impossibles présages qu'il intitula « Les Prophéties d'Olivarius » dont on ne trouve plus trace aujourd'hui.

Les journées lui semblaient longues et pesantes dans l'ambiance douillette de Salon-de-Provence.

La première bonne excuse pour reprendre la route et sa besace, il allait la saisir sans hésiter.

On venait de lui signaler une épidémie de coqueluche dans la région lyonnaise avec, pour précision, que son libraire Benoist Rigaud en était atteint.

Il se rendit immédiatement à Lyon, retrouva ses habitudes à l' « Auberge des deux Fleuves » et en quelques jours, grâce à ses plantes magiques, il rendit la santé à son imprimeur.

Il profita des heures qu'il passait au chevet de son malade pour rédiger la recette de son « ultime remède très utile contre la peste ».

Il ne put s'attarder trop longtemps sur les bords du Rhône,

son épouse étant dans l'attente de la naissance de son cinquième enfant.

Lorsqu'il arriva à Salon, la petite Anne n'attendait que son papa pour être baptisée.

*
**

Alors que la renommée de Michel Nostradamus devenait universelle, qu'on venait le consulter d'au-delà de la Germanie, d'Espagne, du Portugal, de Dalmatie, de multiples publications dirigées contre le mage de Provence firent leur apparition.

S'il avait réussi à se mettre à l'abri des persécutions de l'Inquisition et de la justice royale, ses précautions demeurèrent inefficaces à le protéger des violentes critiques des calvinistes qu'il avait traités à diverses reprises d' « idiots sans teste ».

Les attaques calvinistes visaient le prophète, l'astrologue, le devin, mais plus particulièrement ses origines juives.

Nul n'osait l'accuser ouvertement d'hérésie, ni d'affiliation à des puissances infernales, mais il lui était obscurement reproché de mêler dans ses écrits les idiomes les plus méconnus et les plus obsolètes comme il mêlait potions et onguents dans ses mixtures médicamenteuses diaboliques.

Les critiques prirent une tournure officielle lorsqu'elles furent réunies en brochures largement diffusées.

La plus destructrice : « Déclaration des abus, ignorances et séditions de Michel Nostradamus de Salon-en-Crau-de-Provence » parut au début de 1558.

Ce document se prétendait œuvre très utile et profitable à chacun.

Il était écrit par un certain Laurent Vedel et imprimé en Avignon par deux sinistres jaloux : Pierre Roux et Jean Tremblay.

Ces deux imprimeurs qui avaient convoité les « Centuries » de Nostradamus ne lui avait pas pardonné qu'il eût préféré les faire paraître à Lyon chez Benoist Rigaud leur concurrent.

Ils en furent fort dépités et pris de tant d'amertume qu'ils trouvèrent l'inélégante manière de se venger en publiant le méchant pamphlet.

Deux mois plus tard parut « Le Monstre d'Abus », composé en latin par Maistre Ian de la Daguenière et traduit par Lemore du Verger.

Puis, les esprits aigris se délectèrent à la lecture de « Marin Nonet, des nuits contre Nostradamus » du poète et calviniste convaincu Théodore de Bèze. On peut y lire cette phrase : « Tu ne possèdes pas encore les premiers éléments de la langue française et tu oses attribuer à ta baguette une vertu céleste. »

Quelques mois plus tard, parut chez Michel Jove à Lyon, la traduction de « La première invective du Seigneur Hercules le François contre Nostradamus ». L'auteur est huguenot.

Un autre ouvrage imprimé à Paris chez Charles l'Angelier circulait à travers toute la France.

Il était l'œuvre d'Antoine Coullard, sieur du Pavillon Les Loriz en Gatinois, détracteur obstiné du mage de Provence et intitulé : « Contredictz ou faulses et abusives prophéties de Nostradamus et autres astrologues ».

Un imprimeur philologue, Conrad Badius dirigea envers Nostradamus une de ses « Satires chrétiennes contre la cuisine papale ».

Méprisant ces calomnies qui contribuaient à le rendre plus populaire encore, Nostradamus continuait de recevoir chez lui tous ceux qui souhaitaient le consulter.

Sa maison ne désemplissait pas de personnes de mérite. Sa clientèle de bourgeois, de paysans et de nobles ruraux s'était élargie. Des religieux les plus savants du monde, des capitaines illustres, de grands seigneurs venus de tous les bords d'Europe et généralement de nombreux visiteurs de toutes sortes d'états et de professions, faisaient gloire de s'entretenir avec lui.

Des sceptiques pour qui Nostradamus ne pouvait être qu'un sire à la triste mine, vinrent le voir à Salon, avec la ferme intention de le brocarder.

Grande fut leur surprise de découvrir que l'auteur des sombres prophéties était un épicurien, bon vivant aimant femmes, rire et ripailles.

Ils s'en retournèrent en le qualifiant de charlatan.

En réponse à ces attaques, le mage de Provence rétorquait qu'il fallait leur pardonner de rire au présent face à la somme de cruautés que l'avenir réservait à l'humanité.

Au plus froid de l'hiver, il entreprit la rédaction de nouvelles « Centuries » : les onzième et douzième, mais elles demeurèrent inachevées.

Les cabans (1), des paysans fanatiques gorgés d'hydromel et de vin de Languedoc vinrent lancer des pierres contre sa maison.

Les vitres ne résistèrent point.

D'autres paysans, sans trop savoir les raisons de cette hargne brutale vinrent se joindre aux cabans.

Les menaces de violence devinrent si inquiétantes que Nostradamus décida d'aller se réfugier avec tous les siens, derrière les hauts murs de la prison.

Les détenus demandèrent à être libérés de leurs chaînes

_____

(1) Paysans de la campagne salonnaise appelés ainsi à cause du grand manteau gris et du capuchon qu'ils portaient ordinairement. (D'après César de Notre-Dame dans « Histoire et Chroniques de Provence »).

pour porter secours au mage et à sa famille face aux paysans hurlant contre Nostradamus.

En voyant ces brutes s'avancer vers eux, les cabans firent demi-tour et ne vinrent jamais plus importuner le mage.

Pour les remercier de leur aide, Nostradamus demanda au geôlier en chef de la prison de faire verser à chacun des détenus une pinte de bon vin et tout le contenu de sa bourse à se partager.

A l'automne, le duc Emmanuel-Philibert de Savoie, époux de Marguerite de France, fille de François Ier, qui venait de la cour de Nice, se fit annoncer chez Nostradamus.

La peste qui s'était déclarée dans ses États l'avait atteint et il venait prier le mage de l'en guérir.

Nostradamus obtint que le duc soit installé au château de Salon, propriété de l'archevêque d'Arles.

Satisfaction lui fut donnée et le médecin-astrologue put soigner son illustre malade tout à loisir.

Le sachant guéri, Marguerite de France vint rejoindre son mari en décembre.

Le jour de son entrée à Salon-de-Provence, le ciel était bas et il gelait à pierre fendre.

La sœur du roi de France Henri le deuxième, ses barons et ses demoiselles de compagnie, les litières et les chevaux, les sommiers et les mulets de coffres, les charrois, les bagages et leurs couvertures, les pages et les laquais, les officiers et les domestiques en leur noire et mortuaire livrée, tiraient, des yeux de ceux qui les regardaient passer, des larmes et de pitoyables lamentations plutôt que des rires et des cris de joie.

Les magistrats de la ville reçurent la duchesse avec grande décence sous un dais de damas cramoisi violet et l'accompagnèrent avec les marques de leurs charges sur l'épaule, depuis les portes de la ville jusqu'au portail du château, par-dessous quelques arcades dressées d'arbre en arbre, revêtues de fleurs et de verdoyantes branches de gui couronnées des armoiries du duc.

C'est à l'illustre maître Nostradamus que fut demandé de composer pour la royale venue, une galante inscription qui puisse être visible de loin.

Marguerite de France put ainsi lire sur le fronton du château : « *Sanguine Trojano, Trojano stirpe creata et Regina Cypri.* » (Fille de sang troyen et de souche troyenne, Reine de Chypre.)

La reine apprécia cette délicate et savante application à la maison de France que les poètes du temps attribuaient au fils d'Hector le Troyen, immortel descendant de Cypris, reine des amours.

Durant son séjour à Salon-de-Provence, la duchesse de Savoie rencontrait régulièrement Nostradamus.

La sœur du roi avait demandé au mage de l'initier aux arcanes de l'astrologie.

En guise d'exemple, pour étayer ses thèses, Nostradamus s'amusait à prédire des petites aventures qui se réalisaient à point nommé.

Un des proches de la duchesse, le comte de Tende, Claude de Savoie lui demanda un jour de quoi il devait se méfier le plus.

Nostradamus lui répondit tout de go :

— De boire, messire.

A dater de cet instant, le comte ne but plus une seule goutte de vin ou d'eau sans que son domestique ne l'eût testée auparavant. Comme rien de désagréable ne se produisait, Claude de Savoie finit par ne plus croire à la prophétie du mage.

Un jour qu'il se promenait près de la rivière, son pied glissa et il tomba à l'eau.

Il se fut noyé si son domestique ne l'avait promptement secouru, mais en se débattant, le comte avait avalé beaucoup d'eau et il allait en périr.

Le comte de Crussol, envoyé par le roi se battre contre les huguenots du sire de Flassens, vint à Salon présenter ses respects à la sœur de Henri II.

Il eut la curiosité de demander à Nostradamus s'il pouvait bien espérer de son entreprise guerrière.

Le mage se fit énigmatique et lui répondit que ce qu'il voyait clairement, c'était les arbres que Monsieur le comte laisserait chargés de nouveaux fruits.

Comme l'histoire le fit bien voir, le comte de Crussol allait gagner bataille et il allait laisser les arbres chargés d'une infinité d'hérétiques qu'il avait fait pendre (1).

A Paris, le roi Henri II s'était jeté à corps perdu dans la guerre contre l'hérésie, mais à la cour, gentilhommes et gentes dames continuaient de se divertir.

Toutes les nuits, c'était fête jusqu'aux matins clairs.

Du Louvre, le bruit des festins et des orgies se répandait dans Paris.

Le bon peuple imitait son souverain et les tavernes ne désemplissaient pas de buveurs, de ripailleurs qui hurlaient leur gaîté par-dessus les musiciens.

De la place de Grève aux fortifications, il régnait une pétulante joie de vivre qui permettait aux manants d'oublier un peu la guerre voisine.

Pour que les Parisiens puissent participer aux festivités royales, une passe d'armes qui devait durer trois jours fut

(1) Balthazar Guynaud (loc. cit. : 1693, p. 23).

décidée à l'occasion du mariage du roi d'Espagne avec Élisabeth, fille du roi de France.

Le 27 juin 1559, premier jour du tournoi, Henri II et sa maîtresse Diane de Poitiers observaient les préparatifs de la fête, accoudés à un balcon de l'Hôtel des Tournelles au bout de la rue Saint-Antoine.

Des faquins dressaient les tribunes pour les nombreux spectateurs attendus aux joutes et aux tournois.

Il faisait un temps d'été, Paris s'étirait au soleil dans une merveilleuse lumière frisante.

La journée fut employée à briquer le fourniment, les armures des participants et les harnachements des chevaux.

Des hommes du Louvre vérifiaient les hauberts et les cuissards de maille.

Les tenants du tournoi qui devait se dérouler à la fin de l'après-midi étaient : Le roi Henri II, le duc d'Albe, ambassadeur à Paris de Philippe II d'Espagne, le duc de Savoie dit « Tête de fer » le connétable de Montmorency, le maréchal de Saint-André, le duc de Guise et le seigneur de Lorges, comte de Montgomery.

Dans la tribune royale, tendue de velours bleu et liserée d'or, Diane de Poitiers triomphait, sise aux côtés de trois reines : Catherine de Médicis, reine de France, Élisabeth de France, reine d'espagne et Marie Stuart reine d'Écosse.

Les trois souveraines appréciaient peu l'arrogance de la favorite appuyée au bourrelet de velours et tenant ostensiblement à la main le mouchoir de batiste brodé aux armes du roi.

La maîtresse de Henri II, splendide dans ses atours précieux n'avait d'yeux que pour son royal chevalier qui portait ses couleurs : noir et blanc.

Le long de la lice, le roi répondait aux acclamations de milliers de curieux venus joyeusement de tous les coins de France pour voir leur bon souverain combattre.

Sous sa belle armure, son casque à visière d'or, et son bouclier frappé du lion d'or, Henri II avait fière allure. Il montait un splendide cheval arabe baptisé « Malheur » que lui avait offert le matin même le duc de Savoie.

Le premier combat devait opposer le roi au duc d'Albe.

Éperonnant son magnifique destrier, Henri II se lança avec courage contre son adversaire.

Lancé au grand galop, frôlant la lice, « Malheur » peu habitué à la foule fit un léger écart et le duc d'Albe toucha le roi de la pointe marquant l'avantage.

Tous les spectateurs poussèrent un cri.

Le roi défait, ce n'était pas habituel.

Henri II était connu pour ses qualités physiques. Et comme l'écrivit si joliment Madame de La Fayette dans « La Princesse de Clèves », « Henri II réussissait admirablement dans tous les exercices du corps et en faisait une de ses principales occupations. Il s'adonnait tous les jours à des parties de chasse ou de paume, des danses, des courses de bagues ou de semblables divertissements. »

Pour rassurer son bon peuple, le roi leva sa visière d'or et sourit à tous.

Le lendemain, il y eut combat général des deux camps, opposés l'un à l'autre.

La foule était encore plus nombreuse, le soleil encore plus chaud, Paris encore plus gai.

Henri II jouta contre le maréchal de Saint-André qui se laissa diplomatiquement désarmer.

Dans la tribune, Diane de Poitiers était toujours sur le même rang que les trois reines. Elle arborait encore le mouchoir de batiste aux armes royales, mais elle avait revêtu une splendide robe de brocard blanche et noire, comme la tenue de son beau chevalier.

Un peu plus avant dans la soirée, le roi devait lutter contre monsieur de Savoie.

Le Grand écuyer, Monsieur de Boissy déconseilla à Henri II

de combattre en raison de la chaleur étouffante. Pas le moindre souffle d'air sur les larges et vastes prairies qui s'étendaient jusqu'à la Bastille.

Le roi, très en verve passa outre les conseils de son écuyer.

S'adressant à son rival, il lui lança :

— Monsieur mon frère, serrez bien les genoux car je vais sûrement vous esbranler sans respect pour l'alliance et la fraternité qui déjà nous unissent (1).

Trompettes et clairons sonnèrent et fanfarèrent aux quatre coins de la place.

Les deux chevaliers éperonnèrent leur monture et se lancèrent l'un vers l'autre au grand galop.

Ils brisèrent leur lance en même temps sous les acclamations des heureux spectateurs.

Le lendemain, c'est contre le valeureux duc de Guise que le roi lutta courageusement et victorieusement.

Il restait à Henri II à combattre le comte de Montgomery.

Le vaillant lieutenant de la garde écossaise, considéré comme un redoutable jouteur, tenta de refuser le combat, en invoquant la fatigue, la chaleur, l'humeur des chevaux.

Il connaissait la prédiction du mage Nostradamus et redoutait qu'elle ne se réalisât par son bras.

Le roi s'offusqua :

— Montgomery ! Vous n'allez pas refuser de rompre une lance contre votre roi ?

Montgomery tenta une dernière fois de se défiler :

— Mais, Sire, vous avez déjà beaucoup combattu. N'est-ce pas, ma chère duchesse ?

Diane de Poitiers à qui Montgomery s'adressait pour qu'elle abonde en son sens avec plus d'autorité, s'écria :

— Certes ! Henri, quatre lances rompues dans la même matinée, cela me semble trop, même pour un roi.

---

(1) Propos rapportés par Philippe Guilhaume.

Le roi se dressa sur ses éperons comme un coq sur ses ergots :

— Me croyez-vous donc hors service pour quatre malheureux assauts ?

Et, cabrant son cheval en une impeccable croupade qui fit murmurer d'admiration les spectateurs, Henri II prit sa place à la lice en lançant à son adversaire :

— Allons Montgomery, brisons une lance pour l'amour de ces dames.

Dans la tribune centrale réservée aux proches de la famille royale et aux amis des sciences et des arts, on pouvait reconnaître Ronsard, Ambroisé Paré (1), Jean Goujon (2) qui se réjouissaient d'assister à ce dernier assaut.

Seule la reine Catherine manifestait de l'inquiétude. La prédiction de Nostradamus déjà vieille de trois ans, hantait son esprit.

En face des galeries, des barrières de hallebardiers retenaient la foule.

Le spectacle était superbe, fait de tumulte d'images colorées et de clameurs.

Lorsque le roi sur son splendide cheval piaffant prit position le long de la lice, il distinguait la masse sombre de son adversaire à l'autre bout du champ de combat dans un flamboyant contre-jour.

Les hérauts d'armes poussèrent leur cri de combat.

Les trompettes donnèrent le signal, puis, il tomba sur la place des joutes, un terrible silence.

Malgré le signal donné, les deux champions demeurèrent un instant immobiles avant d'éperonner leur monture.

Les chevaliers s'élançaient au galop.

Dans la loge royale, Diane de Poitiers déchira brusquement son mouchoir de batiste.

(1) Chirurgien de la famille royale aujourd'hui considéré comme le père de la chirurgie moderne.
(2) Sculpteur et architecte. On lui doit notamment la Fontaine des Innocents.

Le combat tournait à l'étrange. Les chevaux semblaient voler l'un vers l'autre. Le soleil donnait aux masses des formes indéfinies.

Sur le sable du champ de combat, deux nuages de poussière grondants se ruaient l'un vers l'autre.

Et il y eut cet éclair de deux armures qui se rapprochaient à se toucher malgré la barre de séparation.

Le choc des lances dans un brouillard et une énorme clameur qui s'élevait tout autour ajoutaient au dramatique de l'ambiance.

La poussière dissipée, les spectateurs virent Montgomery immobile sur son cheval, sa lance brisée.

Le long de la lice, « Malheur » le cheval de Henri II s'éloignait au petit trot et dans le sable blond, le roi, était étendu les bras en croix.

Dans le nuage de poussière, le comte de Montgomery avait visé l'espace entre le bras et le corps de l'armure royale, mais sa lance était venue se briser sur le heaume de son rival.

« Le lion jeune, le vieux surmontera
en champ de combat par singulier duel... »

Un éclat de la lance de Montgomery avait transpercé la visière d'or du roi et pénétré dans l'œil. Un autre éclat s'était enfoncé profondément dans le crâne.

... « dans cage d'or, les yeux lui
crèvera... deux blessures, une... »

Aveugle, le roi devait mourir dix jours plus tard dans d'affreuses souffrances.

« ... puis il meurt... mort cruelle. »

La prophétie 35 de Nostradamus qui annonçait la blessure mortelle, venait de se réaliser.

A l'autopsie du corps de Henri II, Ambroise Paré décela « à la commissure de l'os occipital, quantité de sang espandu entre la dure-mère et la pie-mère. »

Ce drame qui endeuilla la France fit de Nostradamus le plus grand mais aussi le plus dangereux prophète du monde.

A l'annonce de la mort du roi, le connétable Anne de Montmorency s'écria en pensant à Nostradamus :

— Ô le méchant devin qui prédit et si mal et si bien !

Partout, les prédictions macabres du devin volaient de bouche en bouche.

Apprenant que la prédiction de Nostradamus qui annonçait la mort du roi au cours d'un combat s'était réalisée, des groupes en colère brûlèrent l'effigie du mage en place de Grève.

Dans les rues, on réclamait à grands cris l'Inquisition pour que le satanique prophète soit condamné au bûcher.

Lorsque le roi fut enseveli, Catherine de Médicis se précipita dans ses appartements et passa la nuit à lire et à relire les prédictions de Nostradamus se rapportant à l'après Henri II.

Elle tenta de décrypter le quatrain 39 de la dixième « Centurie ».

Au jour naissant elle pensa en avoir décelé tout le sens.

> « *Le premier fils, une veuve,*
> *malheureux mariage,*
> *sans nul enfant, deux îles en discorde*
> *avant dix-huit ans d'incompétent âge,*
> *pour l'autre, fiançailles viennent*
> *plus jeune encore...* »

Sans aucun doute, le premier vers concernait le fils aîné de Catherine de Médicis, le dauphin devenu le chétif et timide François II.

La veuve désignait Catherine elle-même devenue régente.

La seconde ligne avait rapport avec le mariage malheureux du jeune François avec la princesse écossaise Marie Stuart. Celle-ci repartira en Écosse sans nul enfant ou elle deviendra reine. Ce couronnement engendrera la discorde entre les deux royaumes de l'île.

Les partisans de Marie Stuart et ceux d'Elizabeth 1re d'Angleterre se livreront une lutte sans merci.

Plus obscurs étaient les trois derniers vers du quatrain (1).

Voulant absolument en savoir plus sur l'avenir de ses trois enfants, Catherine de Médicis appela à nouveau Nostradamus.

Dans une missive suppliante que lui apporta le comte de Tende, la reine priait le mage de venir la rejoindre toutes affaires cessantes.

Nostradamus hésita beaucoup. Il gardait de son dernier séjour à Paris un souvenir peu engageant et depuis la mort du roi Henri II selon ses prédictions, il savait le peuple de Paris très hostile.

— Vous avez tout à gagner en vous rendant auprès de la reine, lui dit le comte de Tende. Vous savez en quelle haute estime elle vous tient et combien elle sait être reconnaissante.

— J'entends bien, répliqua Nostradamus, mais j'ai la faiblesse de préférer mourir de grand âge dans mon lit, entouré des miens plutôt que très honoré de sa majesté sur le bûcher de la place de Grève.

Il reprit la route à contrecœur mais il lui était difficile de désobéir à sa reine.

En arrivant à Paris il eut l'agréable surprise de se rendre tout de suite compte que l'esprit des gens de la ville avait changé, qu'on ne lui en voulait plus du tout, bien au contraire et que de devin diabolique il était en passe de devenir un devin angélique.

Cette situation renversée était explicable, les Parisiens aimant les célébrités et Nostradamus en était une bien grande.

Cette fois, Nostradamus ne souhaita pas prendre pension à l' « Auberge Sainct-Michel » où il avait l'habitude de résider lorsqu'il venait à Paris.

La rive droite du fleuve entre le Louvre et la place de Grève était trop bruyante ; trop de carrosses, de chars à bancs et de

(1) Ils se réalisèrent plus tard quand Charles IX se fiancera avec Élisabeth d'Autriche à l'âge de dix ans, une alliance encore plus précoce que celle de Marie Stuart avec François II.

chariots battaient le pavé jusqu'à fort tard après le coucher du soleil.

En attendant d'être convoqué par la reine-mère Catherine, le mage décida d'aller loger au-delà de la rivière sur sa rive verdoyante, dans un endroit réputé pour être fréquenté par les poètes, les artistes et les avant-gardistes protestataires.

Ce paradis était niché au cœur des bois et lui avait été recommandé par le comte de Tende.

L'auberge s'appelait « Le Pré aux Clercs » et pour y accéder, il fallait franchir le mur d'enceinte, soit par la porte de Nesle, soit par la porte de Buci.

Nostradamus s'y rendit en flânant, admirant au passage l'abbaye de Saint-Germain-des-Prés derrière son mur crénelé et, de l'autre côté, le chemin aux Clercs avec sa petite chapelle tout au bout.

La campagne était piquée d'arbres fruitiers, d'ormes et de vieux chênes.

Extérieurement, l'auberge avait l'aspect d'une maison austère, mais l'intérieur était accueillant, bien à l'œil, et fort confortable.

L'endroit était fréquenté par les couples en galante équipée, par les Parisiens badins et folâtres qui venaient bambocher sous les tonnelles fraîches du jardin.

De très jeunes et très jolies coquines couraient, aguichantes, dans les allées parmi les hommes au visage rougi par l'abus d'hydromel et aux yeux luisants de désir.

Les damoiselles qui bousculaient intentionnellement Nostradamus lui lançaient au passage, des œillades prometteuses.

Nostradamus s'installa dans une chambre au premier.

Il aima l'endroit pour y passer ses jours.

La nuit, il fréquentait une taverne des bords de Seine à l'enseigne du « Flambeau d'Or » où il retrouvait artistes, poètes, malitornes, badouillards, ribaudes et songe-creux.

Autour d'une cruche de vin de Montmartre, il s'ébaudissait à refaire le monde en compagnie de deux jeunes poètes habitués de l'endroit : Joachim du Bellay et Pierre de Ronsard.

Le premier revenait de Rome et venait de traduire sa déception de ce qu'il avait découvert en la ville éternelle, dans deux recueils poétiques : « Les Antiquités de Rome » et « Les Regrets ». Il était allé en Italie à l'invitation de son cousin le cardinal Jean. Celui-ci l'avait convié à le rejoindre sur les bords du Tibre, tout près de sa Sainteté. En vérité, le cardinal Jean voulait que son cousin lui serve de secrétaire à peu de frais. Situation peu enviable pour un poète auteur d'une belle œuvre reconnue : « Défense et Illustration de la Langue française ».

Le second, Pierre de Ronsard qui oubliait sa surdité dans l'ivresse, partait en guerre, dès le second pichet de vin contre la Réforme. Il venait de terminer « Les Hymnes » et il racontait à ses amis les grandes lignes de ce qu'allait être sa prochaine œuvre, les « Discours », une merveille de génie oratoire et satirique.

C'est à la taverne du « Flambeau d'Or » que le comte de Crussol envoyé par Catherine de Médicis à la recherche de Nostradamus découvrit l'astrologue chantant avec ses nouveaux amis.

— J'ai mission de vous conduire auprès de madame la régente — lui dit le comte — mais il serait peut-être plus séant que vous passiez d'abord à votre auberge pour faire quelque toilette et mettre une tenue plus fraîche.

Nostradamus se leva, prit congé de ses deux amis désolés de le voir partir et rassura le comte de Crussol.

— Nous pouvons partir tout de suite. Les ablutions ne changeront rien à ma présentation. Quant à ma mise, je n'en ai guère d'autre ici.

Le carrosse du comte de Crussol conduisit le mage à l'Hôtel de Soissons où la reine séjournait pendant les travaux du Louvre.

Catherine de Médicis reçut Nostradamus comme un vieil ami :

— Vous êtes le plus fabuleux des devins. Votre science m'effraie, mais vous qui avez si bien prédit les malheurs du roi Henri II, qui m'avez assuré que mes trois fils allaient régner, je voudrais que vous me disiez comment cela peut-il se faire.

— Avez-vous un miroir, madame ?

— J'ai mieux. Venez !

Le prenant sans protocole par la main, la reine-mère conduisit Nostradamus dans une salle obscure.

Sur trois des murs de la pièce, un immense miroir circulaire était fixé.

— Cela vous convient-il ?

Le prophète ne cacha pas son admiration pour l'étonnante installation qui apparaissait autour de lui.

C'était de toute évidence un décor conçu par une personne férue d'astrologie.

— Je n'espérais pas meilleures conditions, mais il va falloir, madame que je m'installe ici plusieurs semaines.

On apporta un lit, une table, une chaise. Le mage rapporta de sa chambre à l'auberge du « Pré aux Clercs », ses livres d'astrologie et ses almanachs.

De retour à l'Hôtel de Soissons, Nostradamus s'y installa pour y demeurer quarante-cinq jours.

Toutes les nuits, face au miroir, il évoquait l'ange Anaël. Le quarante-sixième soir, l'incantation parut prête à réussir.

Nostradamus fit appeler la reine qui s'empressa de venir.

Après une longue période de silence entrecoupée de cris rauques que le prophète poussait dans son délire naissant, l'ange Anaël apparut dans le miroir.

Nostradamus demanda à l'ange de faire connaître à la reine de France l'avenir de ses trois fils.

L'ange Anaël disparut par le fond et François II fit son

apparition dans un cercle de lumière au milieu du miroir. Il s'avança, fit un tour, salua et son image s'évanouit.

Après un court moment dans la totale obscurité, le rond de lumière apparut à nouveau au milieu du miroir. Charles, le second fils de Catherine de Médicis vint, salua, passa quatorze fois devant le miroir avant de disparaître à son tour.

Puis, ce fut Henri, le duc d'Anjou, fils préféré de la régente. Elle lui tendit les bras.

Henri passa quinze fois devant le miroir. Au quinzième passage, son visage s'altéra en une expression d'indicible souffrance et son image pâlit avant de s'effacer.

La reine poussa un cri et demanda à Nostradamus ce qu'il fallait comprendre.

— Chacun de vos fils est passé devant le miroir. Autant de passages, autant d'années de règne. François est passé une fois, il régnera moins d'un an. Charles lui succèdera et régnera quatorze ans puisqu'il est passé quatorze fois devant le miroir et votre favori Henri règnera quinze ans à la tête de la France. Comme je vous l'avais dit, vous aurez la joie d'avoir trois fils qui gouverneront l'un après l'autre...

Catherine de Médicis demeurait inquiète :

— Mais pourquoi cet étrange rictus sur le visage de mon fils Henri avant qu'il ne disparaisse du miroir ?

— Madame, votre cher Henri aura une fin douloureuse. Il sera blessé mortellement. Voilà les raisons de ce masque de douleur.

— Et après... après... qu'adviendra-t-il du trône de France et des Valois-Angoulême ?

— La direction du pays ne leur appartiendra plus.

— Et qui régnera, interrogea la reine ?

— Voyez vous-même, madame.

Le miroir s'éclaira à nouveau et Henri de Navarre apparut. Il passa vingt et une fois devant la reine médusée. Lorsqu'il disparut, Nostradamus expliqua :

— Vous avez vu, Madame ! C'est un Bourbon qui succèdera

à votre fils Henri. Ce Navarre restera sur le trône plus de vingt ans.

La reine épouvantée s'enfuit avant que le miroir ne retombe dans la totale obscurité.

Pour le reste de sa vie, la vision d'Henri de Navarre sur le trône de France ne cessa de hanter Catherine de Médicis.

C'est probablement la raison qui poussa la reine-mère à marier sa fille Marguerite au Bourbon futur roi de France afin que la Maison de Valois-Angoulême survive à la tête du pays par sa branche féminine.

La prophétie de Nostradamus concernant la brièveté du règne de François II se réalisa vite.

Le 5 décembre 1560, le jeune époux de Marie Stuart âgé d'à peine seize ans mourut brutalement. Une fois de plus Nostradamus avait vu juste dans sa Centurie X-39 qui avait prévu la mort du roi adolescent après douze mois de règne.

Charles, le second fils de Henri II succéda à son frère François mais c'est sa mère, Catherine qui assura le pouvoir dans une France déchirée par les guerres de religion.

CHAPITRE
14

Devenu très riche, très considéré mais aussi violemment controversé, Nostradamus avait décidé de s'installer définitivement à Salon-de-Provence pour vivre auprès des siens.

Il était de plus en plus diminué par une affreuse goutte.

Il souffrait également du foie.

Le 27 juillet 1560, l'ingénieur Adam de Craponne vint le trouver pour lui exposer les plans d'une entreprise d'envergure qui pouvait se montrer fort profitable pour tout le pays du Bas-Rhône.

Son entreprise entendait percer un canal pour capter l'eau de la Durance et arroser la Crau vouée bien souvent à la sécheresse.

Séduit par le projet, Nostradamus prêta deux cents écus à l'ingénieur pour démarrer les travaux. Par passion, le mage transforma quelque peu le tracé pour en faciliter le creusement.

Pour ce prêt, deux notables de Salon, Jehan de Suffren et Paul Dinard donnèrent leur garantie.

Quelques semaines plus tard, le 22 septembre, Nostradamus avança encore deux cents écus d'or mais cette fois avec la garantie de trente-huit grands citoyens de la région.

Un peu plus tard, le mage donna encore cent écus d'or à Adam de Craponne, sans garantie alors.

***

A Paris, la campagne de dénigrement contre Nostradamus ne continuait pas moins à se développer.

Plus dans le peuple et les milieux bourgeois, mais dans les plus hautes sphères politiques.

Le ver dévastateur gagnait même l'étranger.

Chantonnay, l'ambassadeur d'Espagne auprès du roi de France écrivit à son souverain Philippe II qui avait mis fin depuis peu aux guerres d'Italie par l'heureux traité de Cateau-Cambrésis (1) en lui exposant ses craintes : « ... Ces castastrophes ont frappé de stupeur la cour de France, jointes aux mises en garde de Nostradamus qu'on ferait mieux de châtier que de laisser vendre ses prophéties qui induisent à ces vaines et superstitieuses croyances... »

Depuis la mort du roi Henri II, les frontières de la France semblaient en paix, malheureusement, des intérêts politiques vinrent se mêler à la religion. En quelques années, la France allait sombrer dans le drame.

De nombreux chrétiens étaient scandalisés par l'attitude et le peu de rigueur de leurs évêques.

L'idée de Réforme était dans l'air depuis longtemps. Déjà, au XIII⁰ siècle, les Cathares l'avaient imaginée.

Au XVI⁰ siècle, les scandales devinrent impossibles à dissimuler : les papes de la famille des Borgia menaient à Rome une existence sans scrupule. Le Vatican était un vaste lupanar où les fêtes et les orgies étaient menées par César et sa sœur Lucrèce. Dans les abbayes qui débordaient de luxe, les moines faisaient bombance et les grands dignitaires de l'Église menaient une vie

---

(1) Le 3 avril 1559, ce traité signé entre Philippe II d'Espagne et Henri II, laissait à la France Metz, Toul et Verdun mais lui enlevait la Savoie et les principales villes du Piémont.

de grands seigneurs. En revanche, les prêtres de campagne tenus à l'écart de toutes ces jouissances vivaient très misérablement et en étaient réduits à piocher dans le fruit de la quête dominicale pour subsister.

Depuis 1517, date à laquelle Martin Luther, avait pris l'initiative de la Réforme, l'idée avait envahi toute l'Europe.

A Paris, un étudiant en théologie nommé Jean Calvin s'était converti aux thèmes nouveaux. Il se réfugia en Suisse ou il créa une communauté religieuse radicalement révolutionnaire qui partait du principe que pour réformer l'Église il fallait en supprimer toute hiérarchie : prêtres, évêques, papes et moines.

Peu à peu, le calvinisme s'était étendu dans toutes les classes de la société et en particulier chez les nobles et les bourgeois. Les convictions calvinistes s'implantèrent dans la vallée du Rhône, le Languedoc, la Loire, la Normandie et tout autour de Paris.

En 1560 on pouvait dénombrer plus de deux mille communautés calvinistes en France.

A tous ceux qui venaient faire part de leurs craintes à Nostradamus, le mage répondait en voulant les rassurer :

— N'ayez crainte, au-dessus de tout ces embrouillaminis religieux, il y a Dieu tout-puissant.

L'Église traditionnelle ne va pas tarder à réagir.

Effectivement, on apprit un peu plus tard qu'un concile avait été réuni d'urgence à Trente en Italie chargé de corriger les principales erreurs.

Les grandes lignes de ce concile (1545-1563) précisaient que la religion est catholique donc universelle et les réformés qui suivraient Luther ou Calvin seraient des hérétiques, donc des ennemis.

Les pays européens choisirent leur camp : L'Italie et l'Espagne demeuraient farouchement catholiques, l'Angleterre et les pays du nord optaient pour l'Église réformée. L'Empire germanique était partagé entre les deux religions.

François II qui avait succédé à son père Henri était trop jeune, trop inexpérimenté et de santé fragile pour prendre une décision.

Il préférait s'en tenir à la conception du règne instaurée par son père qui voulait qu'à la Cour des Valois, hommes et femmes soient préoccupé de parader en vêtements somptueux où l'or et les pierres précieuses étaient cousus à même le tissu, plutôt que de penser à guerroyer.

Mais, à la cour, certains nobles étaient catholiques comme Montmorency et les Guise. Les autres, Bourbon, Coligny étaient du côté des Réformés.

La jalousie et la haine les dressèrent face-à-face.

Dans les différentes régions de France, les affrontements devinrent de plus en plus fréquents. Beaucoup de catholiques sincères furent effrayés par l'audace des calvinistes. On assistait un peu partout à des rixes, des combats de rues allant parfois jusqu'aux assassinats.

Catherine de Médecis décida alors de prendre les rênes du pouvoir.

Elle chercha à se concilier tous les partis.

Elle redoutait autant les uns que les autres et son conseiller Michel de l'Hospital lui proposait de laisser passer le temps et de laisser les choses mourir d'elles-mêmes.

Peu satisfaite de ce conseil, la reine-mère dépêcha un coursier jusqu'en Provence avec mission de remettre un pli à Nostradamus et de revenir sans temps perdu avec la réponse.

Le message était simple : la reine demandait au mage quelle décision elle devait prendre pour arrêter le massacre.

Nostradamus lui répondit qu'elle devait avant tout réunir les belligérants autour de la même table mais qu'il était fort peu probable qu'il sortît de cette réunion une quelconque solution définitive. « Dieu n'a pas encore choisi l'instant de mettre bas les armes. Beaucoup de sang va encore couler mais nul, sur terre ne pourra l'endiguer. »

Catherine de Médicis décida néanmoins de réunir catholiques et calvinistes autour d'une table. Ce fut le colloque de Poissy en octobre 1561.

Pour tenter de calmer les esprits, la reine signa un édit qui accordait aux calvinistes le droit d'exercer librement leur culte sauf dans les villes closes où les célébrations ne devraient se faire qu'en privé (1).

De nombreux catholiques n'acceptèrent pas cet édit. Excités, haineux, ils attaquèrent les calvinistes. Des massacres eurent lieu à Sens et à Wassy.

Le 1er mars 1562, profitant d'une accalmie dans les combats, Catherine de Médicis réunit autour d'elle sa cour de devins, mages, astrologues charlatans et occultistes de tous crins pour leur demander quel allait être l'avenir de cette guerre fratricide.

Lorenzo Ruggieri l'assura que les combats étaient terminés à tout jamais. Son frère l'astrologue Cosimo Ruggieri, tout au contraire lui prédit que la guerre intérieure ne cesserait qu'avec la mort du pape.

Un prophète venu d'Allemagne Kurt Kimpeling était lui, persuadé que la guerre des Français allait s'étendre à toute l'Europe et se poursuivrait au-delà des frontières germaniques.

Peu convaincue, Catherine de Médicis décida de profiter de cette période de paix pour aller faire un voyage avec toute la cour à travers la France du sud avec la secrète intention de revoir son astrologue, Nostradamus.

La reine voulait aussi, par le biais de ce voyage dans les provinces les plus touchées par la guerre fratricide, calmer l'agitation religieuse. Elle était persuadée que sa seule présence en pérégrinant à la tête de sa troupe allait ramener le calme et la sérénité religieuse.

Charles IX alors âgé de quatorze ans, trouva judicieuse l'idée de sa régente mère.

(1) Cet édit date du 15 janvier 1562.

L'itinéraire tracé devait conduire la famille royale au grand complet et la cour d'un millier de personnes à travers Provence et Languedoc jusqu'à la frontière espagnole.

La randonnée devait durer vingt-quatre mois.

La troupe royale arriva en Avignon le 24 septembre 1564 et y séjourna une vingtaine de jours.

Le lundi 16 octobre, Catherine de Médicis, le roi Charles IX et leurs courtisans dînèrent à Châteaurenard, couchèrent à Saint-Rémy d'où, le lendemain matin, ils se mirent en route pour Salon-de-Provence où Catherine voulait absolument faire étape pour les raisons que l'on sait.

La troupe avec le jeune roi à sa tête arriva aux portes de la ville, le jour prévu, 17 octobre, dédié au Dieu Mars.

Il était trois heures de l'après-midi et à la grande surprise de sa Majesté, la troupe royale trouva fort peu de gens sur son passage.

Un paysan interrogé expliqua que la peste s'était déclarée en ce pauvre lieu où elle avait contagieusement et avec grande soudaineté fait mourir quatre à cinq cents personnes.

Ce qui expliquait que les rues de la ville étaient vides de curieux, les logements bien tristes et les maisons en piteux état de recevoir un train royal.

Pour fêter néanmoins l'arrivée du monarque, de la reine-mère et des membres de la cour, les habitants de Salon avaient dressé quelques simples arcades avec des branches de mimosa et de maigres fleurs champêtres depuis la porte d'Avignon jusqu'aux portails du château, logis magnifique et pontifical.

Le pavé des rues avait été recouvert de sable fin venu des plages languedociennes par tombereaux et semé de romarin qui rendait une odeur fort agréable et bien fleurante.

Le jeune roi chevauchait un petit cheval africain à la robe grise, harnaché de velours noir à larges passements et franges d'or.

Charles IX avait revêtu pour la circonstance un vêtement de

velours cramoisi enrichi de cordons d'argent avec un chapeau empanaché aux mêmes couleurs.

Sa Majesté fut accueillie à la porte d'Avignon par les consuls de la ville accompagnés des plus nobles bourgeois.

Les consuls avaient supplié Nostradamus de venir se joindre au cortège de bienvenue pensant que sa Majesté qui avait connu le prophète à la cour, neuf ans auparavant serait heureuse de revoir le médecin-astrologue.

Nostradamus s'excusa aussi gracieusement qu'il pût auprès du premier Consul.

Le prophète entendait continuer à soigner les pestiférés groupés dans la cathédrale jusqu'à la disparition du soleil :

— Après, expliqua-t-il, je ferai mon train à part et j'irai saluer leurs Majestés hors de la tourbe populaire.

C'est à la grille du château que Nostradamus vint faire très humble et convenable révérence à son roi et à sa reine.

Le jeune roi s'exclama joyeusement :

— Vous voici enfin. Nous vous espérions tant.

En guise de réponse, le mage récita à Charles IX avec une franche et philosophique liberté ce vers du poète :

« *Vir magnus bello, nulli pietate secundus.* »

Ce qui pouvait être traduit assez ridiculement vu l'âge du roi par : « Grand homme de guerre, le premier par sa piété. » Et, le moins prophétiquement du monde si on se référait aux guerres de religion « d'une bonté sans égale ».

Puis, tête découverte, Nostradamus conduisit Charles IX jusqu'au château en tenant le petit cheval gris par la bride.

Son bonnet de velours d'une main, la bride du cheval de l'autre, le prophète ouvrait le passage au cortège.

Dans la main qui tenait le bonnet, le prophète serrait un beau jonc d'Indes emmanché d'argent pour s'appuyer le long du chemin sablé parce que la goutte qui le torturait au pied le tourmentait de douleur.

Le soir même, le roi et la reine-mère convièrent Nostradamus à souper à leur table en compagnie de toute la famille du médecin-astrophile.

Catherine accueillit les Notre-Dame en assurant qu'elle avait « humaine curiosité de connaître tous ceux qui partageaient la vie de son astrologue favori ».

A la fin du repas, la régente pria Nostradamus de l'accompagner dans un salon retiré. Elle souhaitait vivement s'entretenir, sans voisin, avec le mage d'un sujet qui la préoccupait fort et avait justifié en partie le voyage de la cour jusqu'à Salon.

En tête-à-tête avec son prophète, Catherine de Médicis lui prit les mains et jeta désespérément son regard dans les yeux de l'astrologue :

— Maître ! Il y a une décennie, tu m'as fait une prédiction concernant le futur règne de mon troisième fils, Henri. Peux-tu me dire si ces visions sont toujours exactes.

Nostradamus fixa longuement la reine avant de lui répondre. Ce n'était pas la première femme du royaume qui le regardait en l'implorant, mais une mère tremblante d'inquiétude.

Il la rassura d'un sourire :

— Madame, non seulement votre fils Henri va régner après ses deux frères, mais encore il sera surnommé « Le Grand » pour ses bonnes aptitudes à mener les affaires du pays. Ce sera un roi courageux, ami des arts et des plaisirs. Mais comme je vous l'ai déjà dit, un moine aura raison de sa vie.

La reine s'insurgea :

— Mais dites-moi, qui est ce moine, que je le fasse pendre.

— Je ne puis vous le désigner, Madame, car si je la devine, je n'écris pas l'Histoire...

De retour parmi tous les invités, Nostradamus fut présenté par le Comte de Tende à un invité de marque qui suivait la troupe royale pour s'instruire des mœurs de la cour de France. L'élégant étranger venait de Londres, il disait s'appeler Gilmort More et était le fils de l'humaniste Thomas More, chancelier du royaume d'Angleterre, exécuté pour s'être opposé à Henri VIII dans l'affaire de son divorce.

Nostradamus et Gilmort More s'éloignèrent du brouhaha du salon pour aller deviser philosophie dans le parc du château. Ils s'exprimaient en italien, la seule langue qu'ils parlassent en commun.

Nostradamus fit soudain silence.

— Cosa c'è ? (Qu'y a-t-il ?) demanda l'Anglais.

Nostradamus regarda le ciel et déclama :

— « *In questi giorni nasce il poeta sotto gli splendidi alberi del villaggio nell' isola. Userà delle parole per costruire le più belle frasi della lingua anglicane, ma di essere, lascerà il dubbio.* »

(En ces jours, naît le poète sous les arbres splendides d'un village dans l'île...

Il usera de mots pour construire les plus belles phrases de la langue anglicane, mais d'être, laissera le doute.)

A l'entour de cette date, en 1564, dans le petit village de Stratford-on-Avon dans l'île d'Angleterre connue pour la splendeur de ses saules, naissait William Shakespeare. Son existence a toujours été contestée et son vers le plus célèbre reste : « Être ou ne pas être. »

Avant de reprendre la route vers la frontière d'Espagne, Charles IX, sur les conseils de sa mère Catherine de Médicis, fit dépêcher à Nostradamus ses patentes de « Conseiller et Médecin ordinaire de la cour de France aux gages, prérogatives et honneurs accoutumés ».

Sa Majesté accompagna cette nomination d'un présent personnel de deux cents écus d'or.

La reine-mère y ajouta cent écus de sa bourse pour qu'il demeurât constamment son astrologue personnel.

La légende dorée n'a pas manqué de s'emparer de ce détour royal et d'en broder le récit d'édifiantes arabesques.

Tronc du Coudoulet, ami de Notre-Dame, donnait des détails inédits sur cette visite de Charles IX à Salon.

Les propos de Tronc du Coudoulet sur cette partie de la vie de Nostradamus furent reprit et embellis par J. F. de Gaufredi, enjolivés ensuite par Torné-Chavigny.

Ces historiens relatèrent que dans la compagnie royale qui accompagnait Charles IX, il y avait en bon rang, le jeune prince de Béarn qui s'était joint au cortège lors de son passage à Bordeaux.

Alors qu'il interrogeait Nostradamus sur son avenir, le prince de Béarn s'entendit répondre qu'il allait être un jour roi de France et de Navarre.

Les gouverneurs du prince avaient éclaté de rire car il n'y avait pas apparence alors, que la prophétie dût se réaliser. Charles IX n'avait que quatorze ans et nul ne pouvait prévoir qu'il allait mourir dix ans après, sans enfant.

Le règne de Henri III n'était prédit que pour moins de quinze ans. C'est ainsi que Nostradamus prophétisa que les Bourbons allaient succéder aux Valois. Ce que le mage n'avait pas révélé à la régente, c'est que le Bourbon Henri, pour calmer les esprits allait revenir dans le giron de l'Église.

Le cortège royal ayant quitté la ville, les attaques des cabans menaçaient de se renouveler.

Craignant un mauvais sort de l'Inquisition demeurée puissante, Nostradamus envisagea de quitter Salon avec toute sa famille.

Au début de l'année 1562, le prophète signa un contrat chez maître Antoine de Béziers, notaire d'Avignon « pour louer à Gérard de Rippe pour le devant d'une maison sise en

Avignon, paroisse Saint-Agricol, rue de la Servillerie, pour la durée d'un an et pour le prix de dix-huit écus d'or en pistoles ».

A la naissance de Diane, son sixième enfant, Nostradamus changea d'avis et, par un autre acte rédigé chez Maître de Béziers, il reconnaissait ne plus vouloir demeurer en Avignon et remettait la maison à prud'homme Jean Payot dit « Dorgellet » qui la louait à sa place (1).

Quelques jours avant Noël, Nostradamus fut mandé à Rivoli par Philibert de Savoie pour visiter la duchesse Marguerite alors en état de grossesse avancée.

La gentille dame souhaitait donne le jour à un garçon, la perdurabilité du nom l'exigeant.

Nostradamus passa la nuit à consulter les astres et au jour naissant, il put rassurer la duchesse :

— Ce sera un gros et beau garçon à n'en pas douter.

— Demeurez ici jusqu'à la naissance, le pria la duchesse Marguerite, je tiens absolument à ce que vous me rassuriez sur son avenir et je crois que cela ne peut se faire que de son vivant.

— Qu'il en soit fait comme vous le souhaitez, Madame. D'ailleurs, je n'aurais pas à m'attarder longtemps, votre fils doit voir le jour prématurément à la nouvelle lune.

Plusieurs jours avant la date prévue, le docteur Andreotti accouchait la duchesse d'un beau garçon qu'on allait prénommer Charles-Emmanuel.

Encore dans les douleurs, Marguerite de Savoie cria à Nostradamus de lui révéler ce qui allait advenir de son fils.

Le mage se pencha sur le berceau du nouveau-né, regarda l'enfant qui vagissait, releva l'heure exacte de la naissance et déclara aux parents d'une voix ferme que le petit Charles-

(1) Archives de Provence : registre de la bibliothèque Méjanes.

Emmanuel était né « sous les plus saines étoiles et qu'il serait grand capitaine (1). »

— Vivra-t-il vieux ? demanda le duc Philibert.

— Il mourra quand un « none viendra devant un septième (2). »

Le duc de Savoie, tout à sa joie demanda à Nostradamus de lui dire si sa vie, désormais se déroulerait sans embûches.

Le prophète le rassura :

— Quelques légers avatars, rien de grave et la vieillesse heureuse.

— Qu'entendez-vous par quelques avatars ? s'inquiéta le duc.

— Eh bien, je vois par exemple, qu'en ce même jour, votre altesse va se blesser à la jambe.

Le duc s'amusa fort de cette curieuse prédiction et, pour s'en gausser et faire mentir le devin, il se jura de ne pas bouger et de rester assis tout le jour durant.

Il raconta cette prophétie au duc de Carignan qui lui proposa de partager son immobilité en jouant aux cartes avec lui.

Ils s'installèrent joyeusement de chaque côté d'un guéridon.

En s'appuyant sur le meuble, un pied de la table se brisa et blessa son altesse à une jambe.

Guichenon qui raconte cette anecdote dans son « Histoire généalogique de la Maison de Savoie » concluait en constatant que, décidément toutes les prédictions de ce fameux astrologue avaient propension à se montrer véritables.

De retour à Salon, Nostradamus reçut chez lui, trois chanoines du vénérable chapitre de l'Église d'Orange. Ils venaient

---

(1) Charles-Emmanuel de Savoie (1562-1630) allait embrasser la carrière militaire et commander les armées de Savoie. Mais, lorsqu'il disparut, il laissa ses terres ravagées par les guerres.

(2) Charles-Emmanuel de Savoie mourut à près de 69 ans... un 9 qui précède septante (70).

supplier le devin de les accompagner jusqu'à leur monastère pour les aider à retrouver l'auteur d'un vol sacrilège dont ils avaient été victimes lors des troubles soulevés par la « nouvelle religion ».

Nostradamus accepta et sur le chemin qui devait les conduire à Orange, les chanoines relatèrent les faits au mage.

Le chanoine Robert qui semblait diriger la petite troupe s'empressa de raconter :

— L'affaire s'est passée le 20 décembre dernier. Entre huit et neuf heures de la nuit, plus de trois cents hommes en armes avaient forcé le portail de la grande église d'Orange.

Ils s'en prirent aux autels qu'ils détruisirent, aux statues de bois sculpté qu'ils brisèrent. Ivres d'une furie dévastatrice, les malandrins cassèrent à coups de masse les fonts baptismaux et aussi le grand bénétier de métal ciselé.

Le lendemain, les hérétiques poursuivirent leur ignoble besogne, brûlant au cimetière les retables de toutes les églises, traînant dans les fosses le crucifix des prêcheurs, frappant à coups de pieds tant sur la tête du Christ que sur les saints.

Un chanoine crut bon d'ajouter :

— Turcs et Utaystes n'eussent pas fait davantage (1). Tout au long du chemin, cahoté dans la diligence des chanoines, Nostradamus apprit que l'échauffourée avait duré trois jours et que lorsque les hommes d'armes se retirèrent, le trésor que le chapitre vénérable avait baillé en garde au chanoine chargé de surveiller les ornements sacrés avait disparu.

Le trésor contenait une statue en or de Notre Dame.

Une statue en argent doré de saint Europe, patron de la ville d'Orange.

La statue en or de saint Flourens avec sa mitre de pierres fines.

Une grande croix d'or avec son crucifix.

(1) « Chronique d'un notaire d'Orange. » Annuaire du Vaucluse, p. 125 (1881).

Une custode dorée.

Et le grand calice avec sa paix en or.

Arrivés à l'église d'Orange, Nostradamus se fit montrer les lieux et présenter tous les chanoines du vénérable chapitre.

Le lendemain, le prophète rédigea une consultation d'astrologie judiciaire en bonne et due façon pour ses augustes clients.

« Comme j'ai pu le constater sur la figurine astronomique que je jouxte ci-dessous, il ressort manifestement que le ravissement sacré l'a été non pas par les hommes du saccage mais par deux de vos frères de l'Église même. Ceux-ci ne sont pas sans accointance avec les huguenots.

Il ne m'appartient pas de vous révéler leurs noms, mais vous pourrez retrouver les saints objets volés chez un fondeur d'une ville voisine ou les deux crapaudailles ont demandé qu'ils soient fondus et transformés en lingots (1). »

Avant de prendre congé des chanoines abasourdis, Nostradamus leur laissa l'horoscope qu'il avait tracé des deux voleurs.

Il prédisait que les pestilences allaient s'approcher de la ville et que les deux ravisseurs du trésor allaient connaître la plus malheureuse des morts.

En bas de l'horoscope, Nostradamus ajouta un petit conseil pratique qu'il dut, sans doute, trouver judicieux : « Que cette mienne prédiction soit lue en présence de tous vos messieurs. Lors, incontinent, la face des malitornes changera de haute vergogne ; et de confusion qu'ils auront, ils ne se pourront contenir. »

En voyageant dans le temps comme toutes les légendes, celle de Nostradamus se gonflait à loisir.

(1) Les objets volés furent en effet retrouvés chez un fondeur d'Avignon.

C'est ainsi que, lorsque la troupe royale, sur le chemin du retour de la frontière espagnole repassa dans la région avec l'intention de rejoindre Marseille, plusieurs gentilshommes et quelques courtisanes éprouvèrent l'envie de faire un détour par Salon-de-Provence afin de porter salut au prophète.

L'une des dames d'escorte et probablement la plus avenante, Madame Jambelle de Jussieu, insista pour qu'il lui accordât une audience privée dans ses appartements ou elles s'était installée au château de Salon.

Le mage arriva vers les quatre heures d'après-midi et ne sortit de la chambre de la belle qu'au soleil couché.

Elle avait insisté pour que le prophète l'accompagnât jusqu'à Marseille où elle devait retrouver toute la cour.

Nostradamus tenta de refuser, invoquant la goutte qui lui taraudait le pied, ses obligations de famille et sa grande fatigue.

La belle lui fit remarquer qu'il s'agissait d'une fatigue bien espiègle si elle s'en référait aux exploits du mage cet après-midi même...

— J'en suis encore toute courbatue, lui fit-elle remarquer. Et ce ne sont pas quelques lieues à cheval qui auront raison de votre vaillance.

Le compliment était agréable, flatteur même, et comme son plaisir de voyager était toujours aussi vivace, le devin finit par accepter.

Le voyage dans la calèche de Madame de Jussieu fut émaillé de quelques arrêts aussi joyeux que libertins et le couple n'arriva à Marseille que bien des heures après le roi.

Dès les premières lueurs de l'aube, le lendemain, le roi désira aller s'agenouiller entouré des siens dans la belle cathédrale qui surplombait toute la ville phocéenne.

Voyant que Henri, son parpaillot de cousin refusait de franchir le seuil de l'église à cause de ses convictions religieuses, le petit roi qui n'avait que quatorze ans s'empara de la toque du Béarnais et la jeta bien en avant dans le sanctuaire. Henri, sans réfléchir, se précipita pour récupérer sa coiffe.

Nostradamus qui accompagnait Catherine de Médicis se pencha pour lui murmurer à l'oreille :

— Vous voyez, Madame, le jeune Béarnais est revenu à l'église.

Lorsque le cortège de sa Majesté reprit la route du nord, Nostradamus vint saluer profondément la reine-mère.

— Je crois madame, que nos routes se séparent ici. Il est peu probable que je revienne à Paris ou je vais laisser ma reine, mon roi, mes amis et mes bien beaux souvenirs.

La reine lui assura que le Louvre lui était à jamais ouvert mais visiblement son offre ne souffrirait aucune suite.

Demeuré seul, Nostradamus redescendit jusqu'au port où dodelinaient les grands voiliers blancs en attente d'aventures.

Installé sur un énorme rouleau de cordage, il regarda s'éloigner une jolie tartane dont la voile se gonflait au vent et qui semblait heureuse d'aller cabrioler sur les vagues qui la mèneraient vers le sud.

Avant de revenir à Salon-de-Provence, le médecin-astrophile prit la décision de passer par les Saintes-Maries-de-la-Mer. Il avait le secret espoir d'y retrouver ses amis gitans et de revoir le délicieux Ronsard. Celui-ci lui avait écrit peu de temps avant qu'il ne quitte Salon, en lui annonçant sa présence en Provence, près du Vaccarès.

Que de raisons de faire le détour !

Aux Saintes-Maries-de-la-Mer, Nostradamus chercha vainement ses anciens frères gitans parmi les cohortes de bohémiens venus des Carpathes et d'Andalousie.

Un Zingaro plus vieux que le monde le convia à partager sa soupe aux piments et lui apprit que le roi Zoltan avait trouvé la mort lors d'un combat singulier dans le sud ibérique.

Des hommes ombrageux venus d'Afrique avaient contesté sa régente et l'un d'eux avait frappé le roi gitan dans le dos.

Plus de traces non plus de la belle Nunzia. Certains la disaient morte d'alanguissement quelque part au-delà des Alpes.

C'est à l' « Auberge du Flamant rose » sur la route qui traverse le Vaccarès en direction d'Arles, que Nostradamus retrouva Ronsard.

Le poète embrassa son ami le mage avec un grand bonheur de le voir.

— Je ne supportais plus Paris, lui confia-t-il sous la tonnelle en vidant son gobelet de vin de Camargue. Trop de méchancetés, trop d'intrigues. Je hais les gens de cour qui détruisent leurs prochains avec des cascatelles de mauvais propos.

— Des malveillants et des malfaisants, tu en trouveras par toutes les routes, lui fit remarquer le mage.

Ronsard revint à la charge :

— Ce qui a précipité ma fuite, ce sont tes détracteurs. Mais avant de quitter Paris, j'ai remis à mon imprimeur une petite satire protestataire afin qu'il la diffuse en grand nombre.

A cette heure, tout Paris doit l'avoir lue.

Ronsard attrapa sa besace, en sortit un petit opuscule qu'il tendit à Nostradamus :

— Tiens ! Voilà ma petite satire écrite en guise de défense.

La lecture du pamphlet fit rire le mage :

« Tu te moques aussi des prophètes que Dieu choisit en tes enfants et les fait au milieu de ton sein apparoistre, afin de te prédire ton malheur à venir, mais tu ne fais qu'en rire. »

— C'est bien là l'œuvre d'un ami, s'écria Nostradamus.

Ils demeurèrent ensemble plusieurs jours, passant leur temps à discourir et à échafauder la riposte que Pierre Ronsard comptait donner aux huguenots qui avaient promptement réagi aux attaques violentes du poète, particulièrement dans sa « Remontrance au peuple de France ».

C'est près de l'olivier, accoudé à une vieille table bancale, que Ronsard, sous l'œil amusé de Nostradamus, commença la rédaction de son « Épître au lecteur ». Il en lisait chaque phrase à son ami au fur et à mesure de la rédaction.

Nostradamus s'émerveillait.

Il était très sensible à l'exhortation véhémente de son camarade. Son ton polémique le laissait pantois.

Ronsard se montrait sous son véritable visage de poète militant, vigoureux dans le verbe, éloquent, lucide et ardent.

Nostradamus le découvrit également éducateur soucieux de politique.

Lorsque le mage de Provence reprit la route de Salon, Pierre de Ronsard lui remit un livre : « Le Discours des Misères de ce Temps » qu'il avait dédié à la reine Catherine de Médicis.

— Fais-en ton livre de chevet et tu deviendras aussi vigoureux que moi en composition politique.

Nostradamus revint à Salon-de-Provence avec une vision toute différente des choses et des gens.

Les longues discussions avec Pierre de Ronsard le rendaient moins indulgent envers ses concitoyens, moins souple, mais plus clairvoyant.

Comme il était à nouveau sujet à des états de malaise, d'inquiétude et d'angoisse, Nostradamus fit venir en sa maison, son notaire Joseph Roche.

Il rédigea en sa présence son testament de curieuse façon.

Sur une feuille de parchemin, il écrivit une phrase d'une ligne : « *Ceci est mon testament.* ».

Il déchira feuille et phrase en deux et en remit une moitié au notaire.

Il déchira à nouveau en deux parties, l'autre moitié de la

feuille et de la phrase et en donna un morceau à sa femme, l'autre à son frère Jehan.

Il dit alors au notaire que s'il lui advenait de mourir en voyage, sa femme devrait demander à Jehan le quart de la feuille en sa possession et tous deux auraient l'obligation de se rendre en l'étude de Maître Joseph Roche.

Si les trois morceaux de papier s'ajustaient de manière à écarter tout soupçon de fraude, il serait remis à sa femme, Anne Ponsard une somme de mille pièces d'or se trouvant en ce moment dans une cachette que le notaire connaissait.

Le reste devait aller à tous ses frères et enfants selon un partage équitable dont le notaire détenait les lignes précises.

Débarrassé de ce qu'il considérait comme une corvée, Nostradamus s'attela à la rédaction de son almanach de l'année qu'il dédia au pape Pie IV.

Dans une longue lettre qu'il adressa à Pierre de Ronsard, le mage lui révéla que malgré l'âge, la goutte et les douleurs de digestion, il se sentait comme un balancier d'horloge au mouvement perpétuel.

« Je suis tout excité à l'idée de me remettre à l'écriture de ma « Grande Prognostication nouvelle » que je vais composer contre tous ceux qui souventes fois m'ont fait mort.

A Salon où je fais ma résidence au milieu de mes chers, je suis logé entre bestes brutes et misologues barbares, ennemys mortels de bonnes lettres et de mémorable érudition. »

Ce n'est évidemment pas à la meilleure part des habitants de Salon que le prophète faisait allusion.

Son proche entourage était formé de gens de bonne compagnie. Les d'Hozier, les Craponne étaient fidèles inconditionnels des Notre-Dame. Le premier Consul de la ville, Palamède Marck, sieur de Chasteauneuf, gentilhomme des plus splendides et honorables de la cité était son singulier ami.

La science de Nostradamus était désormais indispensable à la communauté et puis, la notoriété universelle du prophète local rejaillissait sur toute la ville et la région.

Le gouverneur de la province, Claude de Savoie, qui lui était si proche, le baron de la Garde « Admiral des mers du Levant », le commandant de Beynes et de nombreux barons et gentils-hommes faisaient volontiers halte à Salon quand d'aventure ils passaient dans la région.

Le mage les recevait avec un visible plaisir.

Nul ne repartait sans avoir recueilli quelques mots d'espoir en l'avenir, sans de chaudes paroles de réconfort si le besoin en était, sans des signes d'amitié sincère.

Pourtant, à cette époque, la paix et la concorde ne régnaient pas dans le pays.

Les guerres de religion avaient repris de plus belle et les proches de Nostradamus, nobles ou bourgeois, sans avoir encore adjuré la foi catholique, manifestaient déjà une vive sympathie plus ou moins accusée pour les idées nouvelles.

Or, ces idées révolutionnaires trouvaient peu d'écho auprès du petit peuple de Salon, chatouilleux à l'extrême et prompt à la rebuffade dès qu'on s'en prenait à ses croyances et à ses traditions.

En outre, ceux qui se distinguaient par leur pratique des sciences non communes étaient soupçonnés de suivre les opinions nouvelles, contraires aux dogmes précis de l'Église. Si Nostradamus était admiré, il lui était difficile dans une petite ville de ne pas éveiller la méfiance à cause de son renom mondial.

Par certains, Nostradamus fut considéré comme un dévoyé de la religion et même comme un luthérien secret.

Cette attitude envers lui, obligea le prophète à s'entourer d'un luxe de précautions, de professions de foi, à employer des citations orthodoxes pour se justifier, notamment dans sa

« Lettre à mon premier Fils » et sa « Lettre à Henri le deuxième ».

Pourtant, sa nomination en tant que conseiller et médecin ordinaire de sa Majesté le roi, son titre d'astrologue personnel de Madame Catherine de Médicis, reine de France l'auréolaient d'un pouvoir officiel et lui conféraient respect mais aussi crainte.

Le 21 décembre 1565, Nostradamus écrivit à la régente-mère, sa « souveraine dame et maîtresse ».

Le bruit était venu jusqu'à lui que les assemblées du royaume avaient l'intention de se réunir et qu'en cela, lui, astrologue de la reine et médecin du roi, n'y voyait rien de bon. Il disait à Catherine de Médicis son souhait de pouvoir se mettre au service de la régente tout en faisant son devoir pour son roi et suivant la charge de son état.

Nostradamus expliqua à la reine que si les affaires du royaume n'allaient pas bien pour l'heure, les schémas astrologiques de la France qu'il avait longuement tracés, permettaient d'entrevoir un avenir plus clair et plus serein.

« *Je vais m'efforcer de consulter les astres avec une infinie précision afin de savoir et d'entendre le futur. J'en avertirai sans tarder votre Majesté.* »

Pour le remercier de tous ses efforts destinés à l'éclairer au plus juste, la reine continua à couvrir Nostradamus d'honneurs et de présents.

Ces royales faveurs eussent été bien douces et agréables choses, si elles se fussent manifestées de manière plus durable pour lui et pour les siens. Tous ces avantages se pressentaient trop tardivement. Comme il l'écrivit à son ami Ronsard :

« *J'en suys à mon chant du cygne et je ressens très en moi, les symptômes avant-coursiers certains qu'un plus grand roy que celuy de France l'envoyerait bientôt quérir pour répondre à son tribunal.* »

Depuis quelque temps déjà, Nostradamus ressentait, outre ses crises de goutte de plus en plus aiguës, d'insupportables douleurs rhumatismales.

Ses proches le trouvaient fort caduc et fort débile.

Il se plaignait aussi d'un mal aux artères paresseuses et d'une grande insuffisance de ses reins et de son cœur.

Les médecins qui se relayaient à son chevet en avaient conclu que sa goutte s'était transformée en hydropisie.

A l'entrée de sa soixante-troisième année, Nostradamus ressentit ses douleurs avec beaucoup plus d'acuité.

Il pressentait sa mort prochaine et songea à préciser ses ultimes volontés.

Le 17 juin, il fit appeler chez lui son notaire Maître Roche et devant toute sa famille réunie, il dicta :

« Par-devant Notaire Maître Joseph Roche, tabellion-juré de la ville de Salon-de-Provence, diocèse d'Arles, j'ai, Maître Michel de Notre-Dame, bien nommé Nostradamus, docteur en médecine et astrophile de la dite ville de Salon, conseiller et médecin ordinaire de sa majesté le Roy de France et astrologue reconnu personnel de madame la régente Catherine de Médicis, estant en son bon entendement, encore qu'il ne soit pas affaibly par son ancien âge et certaine maladie corporelle de laquelle il est à présent détenu.

Comme bon et vray chrétien et fidèle, à recommander son âme à Dieu le créateur, le priant que quand sera son bon playsir de l'appeler, que luy plaise colloquer son âme au royaume éternel de Paradis. »

Pour son corps, Nostradamus désirait qu'il soit porté en sépulture dans l'église du couvent de Saint-François-de-Salon entre la grande porte d'icelle et l'autel de Sainte-Martine.

Dans un premier temps, le mage avait testamentairement désigné l'église de Saint-Laurent pour lieu de son dernier repos. C'est par une rature de trois lignes et un renvoi approuvé que l'église du couvent de Saint-François, église des cordeliers fut substituée sur la minute de l'acte à l'église de Saint-Laurent.

Il tint à cette curieuse précision qui fut d'ailleurs scrupuleusement respectée.

« Je ne veux pas que mon cercueil soit enterré au lieu choisi, mais placé, debout contre la paroi même de l'église des cordeliers. Ainsi, même après ma mort, les sots et les poltrons, les pieds-poudreux et les méchants ne pourront venir danser sur ma tombe. »

Il demanda que son corps soit accompagné de quatre cierges d'une livre et que soit baillé incontinent à treize pauvres de la ville six sols chacun.

Les funérailles devaient être organisées à la discrétion de ses gaigiers (exécuteurs testamentaires).

Des legs pieux étaient prévus :

Aux frères de l'observance de Saint-Pierre-des-Canons : un écu.

A la chapelle de Notre-Dame des pénitents blancs de Salon : un écu.

Aux frères mineurs du couvent de Saint-François : deux écus.

Revenant sur les clauses du premier testament qu'il avait fait rédiger par ce même notaire Maître Joseph Roche, il décida de doter ses filles de façon partiale :

A sa fille Madeleine : six cents écus d'or.

Aux cadettes Anne et Diane : cinq cents écus d'or chacune.

A Anne Ponsard, sa bien-aimée femme : quatre cents écus d'or en pistoles ainsi que l'usage toute sa vie durant de la tierce partie de la maison de Salon-de-Provence et une énorme quantité de vêtements, pièces de lingerie, literie, bijoux, joyaux et objets mobiliers pour en faire ses désirs et ses volontés, mais tout cela à la précise condition qu'elle ne convolât pas en troisièmes noces. Auquel cas, ces legs seraient annulés et reviendraient par parts égales aux autres héritiers.

Nostradamus désignait ses fils César, Charles et André

comme ses héritiers universels et, en cas de décès, ils devraient se substituer les uns aux autres. Ils bénéficieraient de la collection de pièces d'or et d'argent que Nostradamus avait dispersées dans de nombreuses cachettes.

Le prophète dévoila au notaire les sept lieux où les trésors étaient cachés à l'entour de la maison, derrière le cimetière municipal, dans les bas-fonds de l'église de Saint-Laurent et près de l'olivier central du couvent de Saint-François, avec mission de les réunir au plus tôt.

Dès le lendemain, Maître Roche aidé de ses deux clercs Dominique Albain et Gérome Faille mit à jour les trésors et les fit ramener dans le grand salon de la maison de la rue des Poissonniers.

Tous les sacs d'écus furent enfermés dans un grand coffre de bois d'Afrique cerclé de fer et les clés remises aux trois exécuteurs testamentaires : son ami Palamède Mark, le Consul général de Salon, Martin Manson et un bourgeois à l'honnêteté reconnue : Jacques Suffren.

La valeur de ces pièces représentait trois mille quatre cent quarante-quatre écus et dix sous.

Le capital de Nostradamus comprenait également mille six cents écus de créances diverses à récupérer à loisir.

Le prophète légua sa collection de livres savants, dont il avait interdit de dresser l'inventaire, à « *Celuy de ses fils qui profitera le plus à l'étude et qui aura le plus bu de la fumée de la lucerne.* »

Il voulait également que « *ses enfants et filles ne se puissent colloquer en mariage, que ce ne soit du consentement de leur mère et des plus proches parents du testateur.* »

Un codicille précisait :

« *Maître Michel Nostradamus laisse à César son fils bien-aimé ses biens personnels les plus précieux, à savoir : son astrolabe de cuivre et son gros anneau d'or avec la corneline y enchastrée. A sa fille aînée Madeleine, outre ce qu'elle a déjà par testament précis, deux coffres de boys — noyer qui sont dans l'étude du dit codicillant et qui contiennent des habillements, bagues et joyaux que la dite demoiselle Madeleine aura le droit d'user sans que nul puisse voir ni regarder ce que sera dans iceulx.*

Elle sera maîtresse de ce legs, incontinent, après le décès du dit codicillant et elle pourra le prendre de son autorité, sans qu'elle soit tenue de les prendre par main d'autrui ni consentement d'aucun. »

Le premier juillet, Nostradamus fit appeler son confesseur le révérend père Duval des Minimes et reçut les derniers saints sacrements après s'être confessé.

Le soir, à son fidèle secrétaire Chavigny qui prenait congé de lui jusqu'au lendemain matin, Nostradamus répondit : « Mon brave Chavigny, vous ne me verrez pas en vie au soleil levant. »

Il lui tendit un parchemin sur lequel il venait de rédiger l'ultime prophétie destinée à son dernier almanach :

« *De retour d'ambassade,*
don du Roy mis en lieu,
plus n'en fera,
sera allé à Dieu,
Proches parents, amis, frères de sang,
Trouve mort près du lit et du banc. »

Au lever du jour le lendemain matin, le bon Chavigny trouva le corps inanimé de Nostradamus, prophète jusqu'à la fin, allongé près du banc sur la terrasse, les yeux grands ouverts vers les étoiles.

En larmes, le fidèle Chavigny s'enferma dans le bureau de Nostradamus, et, conscient que les curieux allaient venir en masse des quatre coins du royaume et d'au-delà même aux obsèques du prophète, il rédigea une longue note pour éclaircir le monde sur ce qu'avait été vraiment son maître :

« *Il étoit de stature un peu moindre que la médiocre, de corps robuste, allègre et vigoureux.*

Il avait le front grand et ouvert, le nez froid et égal, les yeux gris, le regard doux, et en ire, comme flamboyant, le visage sévère et riant, de sorte qu'avec la sévérité se voyait en iceluy conjointe, une grande humanité; les joues vermeilles, voire jusques à l'extrême âge, la barbe longue et épaisse, la santé bonne et gaillarde si nous exceptons la vieillesse, et tous les sens aigus et très entiers. Quant à l'esprit, il l'avait vif et bon, comprenant légèrement tout ce qu'il vouloit; le jugement subtil, la mémoire félice et admirable, de nature taciturne, pensant beaucoup et parlant peu, discourant très bien en temps et lieu; au reste, vigilant, prompt et souvent cholère, patient au labeur.

Son dormir n'étoit que de quatre à cinq heures; il louoit et aimoit la liberté de langue, se montroit joyeux, facétieux, mordant en riant. Il approuvoit les cérémonies de l'Église romaine et tenoit la foy et la religion catholique, hors de laquelle il assuroit n'être point de salut; et il reprenoit grièvement ceux qui, retirés du sein d'icelle, se laissoient appâter et abreuver de douceur et liberté des doctrines étrangères et damnables : affirmant que la fin leur seroit mauvaise et pernitieuse. Je ne veux oublier de dire qu'il s'exerçoit volontiers à jeuns, oraisons, aumônes, à la patience; abhorroit le vice et le châtioit sévèrement. : Voire me souviens que, donnant aux pauvres, envers lesquels il étoit fort libéral et charitable, il avoit ce mot en bouche ordinairement, tiré de l'Écriture Sainte :

Faites-vous des amis et des richesses d'iniquité. »

Anne Ponsard, la veuve de Nostradamus, se conformant à des volontés que le défunt lui avait confiées de vive voix fit graver en latin cette épitaphe sur la plaque de marbre scellée au mur de l'église :

« *Ici reposent les os de Michel Nostradamus,*
Le seul au jugement de tous les mortels
Dont la plume presque divine a été estimée digne de retracer
D'après l'influence des astres,
Les événements futurs sur toute la surface de la terre.
Il vécut soixante-deux ans, six mois et dix-sept jours.
Il mourut à Salon-de-Crau l'an du christ MDLXVI le 2 juillet.
N'enviez pas, ô nos successeurs, son repos. »

*Les prophéties les plus célèbres
de Nostradamus*

LE MASSACRE DE LA SAINT-BARTHÉLEMY
Nuit du 23 au 24 août 1572
6 ans après sa mort

Quatrain IV-8

« La grande cité d'assaut prompt et repentin
Surprins de nuict, gardes interrompus
les excubies et veilles Sainct Quentin
Trucidez gardes et les portails rompus. »

En clair	Les faits
La capitale sera surprise de nuit par un assaut rapide et imprévu. Les gardiens de Saint-Quentin seront massacrés et les portes de la ville enfoncées.	La municipalité de Paris était sur le qui-vive. Le Prevôt des marchands reçut l'ordre de fermer les portes de la ville. Il y eut plus de trois mille morts et encore plus de blessés. Coligny, attiré à Paris comme de nombreux protestants pour le mariage d'Henri de Navarre avec Marguerite de Valois fut, lui aussi massacré.

LA PRISE DE LA BASTILLE
14 juillet 1789
223 ans après sa mort

Quatrain II-57

« Avant conflit, le grand mur tombera,
le Grand à mort, mort trop subite et plainte
Nef imparfait la plupart nagera
Auprès du fleuve de sang, la terre teinte. »

En clair

Avant la guerre,
le grand mur cédera.
Le grand roi sera exécuté.
Sa mort sera très subite
avant qu'il n'ait achevé son
règne.
La plupart de ceux qui l'entou-
raient nageront dans le sang.
Près de la Seine la terre sera
teinte de pourpre.

Les faits

Avant même que la guerre ne
commence, les murs mal
défendus de la Bastille tombèrent. Jordan de Launay, gouverneur de la prison, Fles-
selles, le Prévôt des marchands et toute la garnison
furent massacrés par la foule.
L'exécution du roi en 1793 fut
trop rapide et fit couler beaucoup de sang.

256

LA FUITE À VARENNES
20 juin 1791
225 ans après sa mort

Quatrain VII-44

« *Quand le Bour est très bon,*
Portant en lui marques de justice,
puis prenant de son sang le vieux nom :
par sa fuite recevra injuste
supplice. »

Quatrain IX-20

« *De nuit, viendra par la forêt de Reines,*
un couple, route déviée,
Herne, la pierre blanche.
Le moine noir en gris
dedans Varennes
Élut Capet
cause tempête, feu,
et tranchet sanglant. »

Il s'agit probablement du quatrain le plus exact des « Centuries » de Nostradamus.

Il porte le numéro 20 qui correspond à la date du départ de la famille royale pour la fuite à Varennes-en-Argonne la nuit du 20 juin 1791. La voiture royale passa près de la forêt avant de faire un détour en raison de la route défoncée.

« Herne, la pierre blanche. » C'est ainsi que les témoins surnommaient Marie-Antoinette.

Le roi était déguisé en moine.

« Cause tempête » car la mort du roi déclencha une contre-révolution et

« tranchet sanglant »... Comment ne pas voir l'ombre de la guillotine ?

LE SACRE DE NAPOLÉON
2 décembre 1804
238 ans après sa mort

Sixtain 57

« Peu après l'alliance faicte,
Avant solemniser la feste,
L'Empereur le tout troublera
Et la nouvelle mariée
Au franc pays par fort lice
Dans peu de temps après mourra. »

Ce qui pourrait vouloir dire :

Peu après s'être marié,
Avant de faire une fête solennelle
L'Empereur divorcera et la nouvelle mariée
fortement liée à la France.
Peu de temps après, il mourra.

En réalité, le 2 mars 1796, Bonaparte sera nommé général en chef des armées d'Italie. Le 9, il épousera Joséphine, sa belle créole.

Le 1er décembre 1804 Joséphine et Napoléon se marièrent religieusement, la veille du sacre de l'Empereur.

Le 16 décembre 1809, la répudiation de Joséphine sera inévitable, puisqu'elle n'avait pas donné d'héritier à l'Empereur.

Le 2 avril 1810, fut béni le mariage de Napoléon avec Marie-Louise de Habsbourg fille de l'Empereur d'Autriche.

Dans la nuit du 4 au 5 mai 1821, Napoléon s'éteignait.

LA RETRAITE DE RUSSIE
Septembre 1812
246 ans après sa mort

Quatrain IV-75

« Prêt à combattre, il fera défection.
Le chef adversaire obtiendra la victoire
L'arrière-garde fera sa défense,
Les défaillants mourront au
blanc territoire. »

Les faits

Les Russes entraînèrent les troupes de Napoléon très loin dans les plaines blanches de glace jusqu'aux abords de Moscou.

Quelques grognards exténués et affamés bivouaquèrent dans la ville et restèrent en arrière-garde alors que les Moscovites mettaient le feu à la ville déserte.

En moins de trois jours toutes les maisons de bois furent détruites par le feu et Napoléon n'eut d'autre solution que de rebrousser chemin. Ce fut la retraite de Russie à travers l'immensité blanche.

LE DÉPART POUR L'ÎLE D'ELBE
1814
248 ans après sa mort

Quatrain I-77

« *Entre deux mers dressera promontoire*
qui puis mourra par le mors du cheval
Le sien « Neptune » pliera voile noire
Par Calpte et classe auprès de Rocheval. »

Nostradamus avait vu très juste :

« *Entre deux mers dressera promontoire...* »
L'île d'Elbe est un rocher entre la mer Méditerranée et la mer Tyrrhénienne.
« *Qui puis mourra par le mors d'un cheval.*
Le sien, « Neptune » pliera voile noire... »
L'Angleterre qui reléguera Napoléon à l'île d'Elbe était surnommée « la Perfide Albion » et Albion était le fils de Neptune.
« *Par Calpte...* »
Anagramme de Louis Capet.
« *et classe...* »
Classée : la flotte armée !

LA CONQUÊTE DE L'ALGÉRIE
1840-1847
274 ans après sa mort

Quatrain IX-89

« Sept ans sera Philip fortune prospère
Rabaissera des barbares l'effort :
puis son midy perplex, rebours affaire.
Jeune Ogmion abysmera son fort. »

En clair	Les faits
Pendant sept ans, la chance sourira à Louis-Philippe. Il vaincra les forces barbaresques puis, sera dans la perplexité à midi, à cause d'une affaire rebours. Un jeune éloquent entraînera sa déchéance.	La guerre de la conquête de l'Algérie, dont la population était formée d'Arabes et de Berbères, dura sept ans. En février 1848, Louis-Philippe abdiqua à midi. Son fils, le duc d'Orléans venait de se tuer en sautant de voiture à cause d'un cheval rétif (Rebours). Sur le perron de l'Hôtel de Ville, le poète Lamartine prononça le discours instituant le gouvernement provisoire. (Ogmion, dieu de la poésie chez les Gaulois.)

261

MUSSOLINI
1883
317 ans après sa mort

Quatrain VIII-33

« *Le Grand naîtra de Vérone et Vicence*
qui portera un surnom bien indigne
Qui, à Venise, voudra faire vengeance
Lui-même pris par un homme du
Guet et du signe. »

Les faits

Benito Mussolini est né à Dovia di Predappio, entre Vérone et Vicence.

Au temps de Nostradamus, Mussolini signifiait marchand de mousseline.

C'est à Venise que furent signés les accords avec Hitler : l'axe Rome-Berlin en 1936.

Lors de sa fuite avec sa maîtresse Clara Petacci, ils furent tous deux arrêtés par des soldats et pendus par les pieds à un crochet de boucher le 28 avril 1945.

ADOLF HITLER
1889
323 ans après sa mort

Quatrain III-58

« *Du plus profond de l'occident d'Europe*
De pauvres gens
Un jeune enfant naîtra
Qui, par sa langue séduira
grande troupe,
Sa réputation au royaume d'Orient
plus croîtra. »

Les faits

Adolf Hitler est né en 1889 à la frontière austro-bavaroise dans un petit village nommé Braunau am Inn.

Ses parents étaient très pauvres et pour vivre, après de modestes études il dut apprendre la peinture en bâtiment.

Excellent orateur, meneur de foules il saura conquérir les masses.

Il essayera d'étendre ses pouvoirs, très loin à l'Est.

263

LA RÉVOLUTION EN RUSSIE
Octobre 1917
351 ans après sa mort

Présage 89

« Voici le mois par maux tant à doubter
Mors, tous seigner peste, faim quereller
Ceux du rebours d'exil viendront noter
Grands, secrets, morts, non de contreroller. »

En clair

Voici le mois d'octobre redoutable par les malheurs qu'il engendre.
Ceux du drapeau rouge entraîneront la mort, la famine et la guerre civile.
Les opposants seront condamnés à l'exil et on ne pourra pas contrôler la mort des grands qui restera secrète.

Les faits

En octobre 1917 la situation en Russie est catastrophique. Les bolcheviks triomphent en faisant des millions de morts.
Alors qu'ils étaient aux mains des communistes, le tsar Nicolas II, sa femme Alexandra et leurs enfants furent exécutés. Leur disparition demeure encore « incontrôlable » (contreroller).

DE GAULLE À LA TÊTE DE LA FRANCE
1944-1969
378 ans après sa mort

Quatrain IX-33

Extrait : « *De Gaulle, trois Guions (guide) surnommé.* »

Les faits

De Gaulle surnommé par trois fois guide...

Charles de Gaulle fut notre guide une première fois en prenant la tête des Français libres en 1940 (le fameux appel du 18 juin).

Une deuxième fois en décembre 1958, il fut élu président de la République.

Mis en ballottage par le candidat de la gauche François Mitterrand, il fut pourtant réélu en 1965.

Dans sa lettre au roi Henri II, Nostradamus faisait allusion à ce grand chef qui conduirait la France après avoir été dissident à la tête de quelques « têtes chaudes ».

Il le comparait à Thrasybule, un général athénien qui partit avec soixante-dix hommes pour Thèbes, résolu à poursuivre la lutte pour reconquérir le Pirée.

Il fut tué par les habitants d'Aspendos.

« *Et le chef et gouverneur sera jeté du milieu et mis en haut lieu de l'air, ignorant la conspiration des conjurateurs avec le second Thrasybule qui, de longue main aura mené tout ceci.* »

LA BOMBE ATOMIQUE D'HIROSHIMA
6 août 1945
379 ans après sa mort

Quatrain II-6

« Auprès des ports et dedans deux cités,
seront deux fléaux,
dont jamais on n'aperçut le pareil ;
Faim, peste dedans,
par glaive, gens dehors boutés
ils crient secours
au grand Dieu immortel. »

Les faits

Ce sont deux ports japonais qui furent foudroyés par la bombe atomique américaine en août 1945 : Hiroshima, le 6 août, et Nagasaki, trois jours plus tard, le 9 août.

Nostradamus était déjà horrifié par le désastre qui devait anéantir deux grandes villes d'un coup. Villes sacrifiées sur l'autel de la nouvelle ère nucléaire.

Dans un autre quatrain — V-2 —, le prophète faisait allusion aux Japonais qui ne passeraient pas la mer en sûreté, et à cette arme terrible qui « changera une partie de l'Asie ».

L'ASSASSINAT DE JOHN FITZGERALD KENNEDY
22 novembre 1963
397 ans après sa mort

Quatrain I-21

« le Grand par foudre
tombe d'heure diurne.
Le mal prédit par porteur de missive.
Suivant le présage, un autre
tombe d'heure nocturne.
Conflit à Reims, Londres
et la Toscane pestiférée. »

Les faits

Le Président John Fitzgerald Kennedy fut assassiné le 22 novembre 1963, en plein jour à Dallas.

Son frère, le sénateur Robert Kennedy fut assassiné de nuit.

La date de la mort de Robert Kennedy (à Los Angeles, en 1968) est évoquée par d'autres événements qui se produisirent à la même époque : l'agitation estudiantine en France (Reims) et en Angleterre (Londres). Quant à la Toscane pestiférée, Nostradamus faisait allusion aux débordements de l'Arno qui inondèrent Florence et la campagne de Pise en faisant craindre un retour de la peste.

LA GUERRE DU KIPPOUR
Octobre 1973
407 ans après sa mort

Sixtain 31

« *Celuy qui a les hazards surmonté,*
Qui fer, feu, eau, n'a jamais redouté
et du pays bien proche du Basacle,
d'un coup de fer, tout le monde estourné
Par Crocodil estrangement donné.
Peuple ravi de voir un tel spectacle. »

En clair

Le peuple qui a surmonté
les hasards, qui n'a jamais
craint la guerre, dont le pays
est proche du point de départ
du christianisme, sera étonné
d'un acte de guerre étrangement
commis par l'Égypte et la Syrie dont le peuple
se réjouira d'un tel spectacle.

L'AYATOLLAH KHOMEYNI
1979
413 ans après sa mort

Quatrain I-70

« Pluis, faim, guerre ne cesseront
en Perse (Iran).
Fanatisme religieux
trahira le chah :
A lui dont la fin fut
commencée en Gaule,
un signe secret pour se montrer
plus modéré. »

Les faits

Chassé par les fanatiques religieux de l'Ayatollah Khomeyni, le chah d'Iran fut obligé de fuir son royaume.

C'est en France, dans la région parisienne que l'Ayatollah Khomeyni prépara son retour en Iran qui se concrétisa par la révolution de 1979 et l'instauration de la république islamique.

269

LE SIDA

Quatrain III-75

« *De glaives loings terroirs*
de sang humides :
Peste si grande viendra
à la grande gousse.
Proche secours et bien
loing les remèdes. »

Par « glaives » Nostradamus entendait les phallus propagateurs du virus.

Le mage a donné une explication plus précise de son dernier vers de ce quatrain : « Proche secours et bien loing les remèdes. » Il prédisait une amélioration spectaculaire dans la lutte contre cette nouvelle peste aux environs de l'an 1999. D'après le mage, à cette époque la maladie aura contaminé la moitié de la planète et tué les deux tiers de l'humanité avant qu'un vaccin soit enfin mis au point.

Dans sa lettre au roi Henri II, Nostradamus confiait à son souverain sa vision de la fin du xxᵉ siècle : « Ce moment où les guerres de religions céderont le pas devant la plus grande peste de l'histoire. Les impuretés et abominations seront ramenées à la surface et rendues évidentes. Une peste si vaste que les deux tiers du monde succomberont et disparaîtront. Il en mourra un si grand nombre que nul ne connaîtra plus les vrais propriétaires des champs et des maisons. »

Quatrain IX-55

« *L'horrible guerre qu'en l'Occident*
s'apreste
L'an ensuivant viendra la pestilence

Si fort horrible que jeune, vieux
ne survivront.
Sang, feu, Mercure, Mars, Jupiter
en France. »

Les prédictions de Nostradamus
pour « notre » futur

1996

AGRESSION ARABE PAR LA MER

Quatrain II-5

> « *Quand dans poisson*
> *fer et lettres enfermée*
> *Hors sortira qui puis fera la guerre :*
> *Aura par mer sa classe*
> *bien pramée*
> *Apparoissant près de latine terre.* »

« Le « poisson » est sûrement un sous-marin.
« sa classe » signifie « sa flotte »
« près de latine terre » : il s'agit bien entendu des côtes nord du bassin méditerranéen.

Quatrain VII-6

> « *Naples, Palerme et toute la Cécile*
> *par mains barbares sera inhabitée.*
> *Corsique, Salerne et de Sardaigne l'île*
> *Faim, peste, guerre, fin des maux intemptés.* »

Les grands ports italiens, la Corse, la Sicile et la Sardaigne seront dépeuplés par les forces musulmanes qui amèneront avec elles, guerre, famine et maladies.

LES FUREURS DE LA NATURE

A partir de 1995 il faut s'attendre d'après les divers écrits de Nostradamus concernant la terre, à d'énormes secousses telluriques.

La planète subira des tremblements de terre en série.

Le plus important partira de la côte occidentale de l'Inde et s'étalera jusqu'à la côte ouest des États-Unis.

Un autre grand séisme submergera toute la côte orientale de l'Amérique touchant New York et la Floride.

Les spécialistes de la science moderne tel le docteur Jeffrey Goodman rejoignent parfaitement les visions de Nostradamus quant aux ravages que la terre va subir.

Dans son livre « We Are the Earthquake Generation », le Docteur Goodman prévoit les « super-séismes » à partir de 1989. (Comment ne pas songer aux catastrophes en Arménie et en Iran ?)

Longtemps, le mage a été préoccupé par une future désertification du monde par la sécheresse.

> *« A quarante-huit degrés de latitude*
> *à la fin du Cancer (22 juillet)*
> *il y aura si grande sécheresse...*
> *par feu dans le ciel*
> *en détresse. »*

Quatrain V-98

1997

NEW YORK ATTAQUÉ

Quatrain VI-97

« *Cinq et quarante degrés ciel bruslera,*
Feu approcher de la grande cité neufve
Instants grande flamme esparse sautera. »

Quarante-cinq degrés, c'est la latitude de New York.
Les grandes flammes laissent supposer une attaque nucléaire.

1999

L'APOCALYPSE

Quatrain X-72

« L'an mil neuf cens nonante neuf
sept mois,
Du ciel viendra un grand Roy
d'effrayeur,
ressusciter le grand Roy d'Angoulmois
Avant que Mars régner par bonheur. »

Pour Nostradamus, l'apocalypse n'est pas la fin du monde.
C'est le point culminant de troubles irréversibles.
C'est aussi la fin du monde civilisé représenté par la chrétienté.
Par « Roy d'Angoulmois », le mage entend la famille des Khan.

MICHEL DE NOSTRE-DAME
14 DÉCEMBRE 1503, 12 HEURES 00

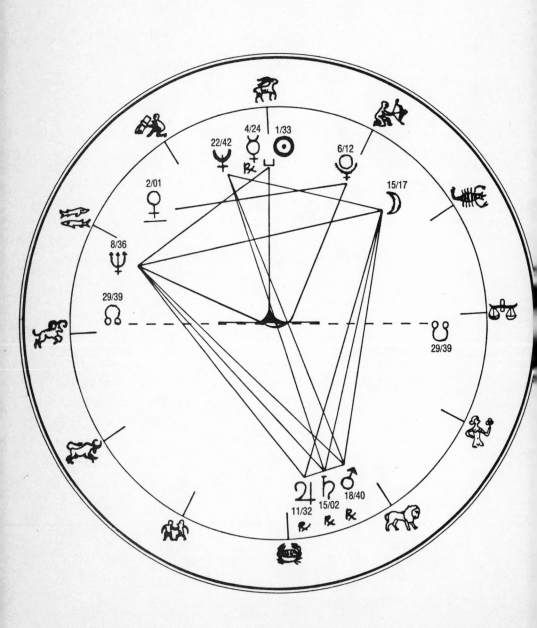

L'HOROSCOPE DE NOSTRADAMUS

Natif du troisième décan du Sagittaire — 14 décembre 1503 – ascendant Capricorne.

Le thème astral de Michel de Notre-Dame présente la carte suivante :

Soleil en Sagittaire

Mercure en Capricorne : Cela dénote une forte personnalité et une attirance profonde pour les choses de l'esprit.

De la patience et de la discipline.

Planètes rétrogrades : Jupiter, Saturne, Mars : Elles annoncent pléthore de succès ou d'échecs, mais rien ne sera facilement acquis au sujet.

La renommée et la gloire viendront à lui à l'approche du demi-siècle.

La Lune en Scorpion : Le sujet a une profonde tendance aux secrets et aux émotions profondes.

Il sait se battre et possède une forte capacité de survie.

Il détient un savoir instinctif et une volonté de pénétrer les mystères cachés derrière les phénomènes parapsychiques.

La Lune en trigone avec Jupiter conjoint à Saturne et Mars : Il est prédestiné à la magie, la prophétie, et est passionné par le rituel.

La conjoncture le dote de surcroît d'un solide sens de l'humour.

Vénus en sextile à Pluton corrigeant l'axe Uranus-Pluton : Cette configuration donne au sujet la faculté d'accepter avec humour la fragilité de la nature humaine chez lui comme chez les autres, et un sens aigu du pouvoir transcendental de l'amour.

DOCUMENTATION

Archives de l'Art et de l'Actualité à Gordes.
Documentario vaticano.
Archives de la Faculté de Médecine de Montpellier.
Archives de la Faculté d'Avignon.
Registre des baptêmes de Saint-Rémy-de-Provence.
Bibliothèque du Grand Orient de France.
Archivio del Piemonte.
Archives de la ville de Salon-de-Provence.
NOSTRADAMUS : *Orus Apollo. Traité des Fardements et des Confitures. Prédictions des Quatre Temps.*
A. BONIFACE : *Buonaparte prédit par des prophètes et peint par des historiens.*
ANDREA CAPOLDI : *Mare Nostrum in Aeternam.*
SYMPHORIEN CHAMPIER : *Prognostications des Prophètes et des Médecins.*
ERIKA CHEETHAM : *The Further Propheties of Nostradamus.*
DU BELLAY : *Défense et Illustration de la Langue française.*
ÉRASME : *Éloge de la Folie.*
D. FERNANDEZ : *Le Voyageur du Monte Baldo.*
JEAN-CHARLES DE FONTBRUNE : *Nostradamus historien et prophète.*

A. GERMAIN : *Origines, Constitutions et Enseignements.*

PHILIPPE GUILHAUME : *Exploitation séculaire d'un fonds de commerce.*

JOHN HOGUE : *Les Révélations.*

E. JAUBERT : *Curiosités des Sciences occultes.*

JAMBLICHUS : *De Mysteriis Aegyptorium.*

STUART. R. KAPLAN *La Grande Encyclopédie du Tarot.*

JEAN DE KERDELAND : *De Nostradamus à Cagliostro.*

DOCTEUR EDGAR LEROY : *Nostradamus : Origines, Vie et Œuvres.*

SIEUR DE LA MARTINIÈRE : *Le Prognosticateur charitable.*

CÉSAR DE NOTRE-DAME : *Histoire et Chroniques de Provence. Le Souper de Trivulse.*

CORRADO PAGLIANI : *Mémoires.*

RABELAIS : *Pantagruel, Roi des Dipsodes.*

ABBÉ TORNÉ-CHAVIGNY : *Nostradamus éclairci.*

MICHEL-CLAUDE TOUCHARD : *Le Devin caché.*

FRANÇOIS VALÉRIOLLE : *Contagions.*

WINKELMANS : *Éditions des Prophéties.*

Et,

LES CONTEURS ITINÉRANTS DE PROVENCE...

Table des matières

Cet ouvrage
a été composé
par l'Imprimerie BUSSIÈRE
et imprimé
sur presses CAMERON
dans les ateliers de la S.E.P.C.
à Saint-Amand-Montrond (Cher)
en février 1991

Maquette de couverture : Ingrid Mabire
Documents : X (D.R.)

N° d'éditeur : 1242. N° d'impression : 482
Dépôt légal : janvier 1991

Imprimé en France

ISBN : 2 85018 219 2